ちくま新書

萩本欽一　昭和をつくった男

太田省一
Ota Shoichi

1827

萩本欽一　昭和をつくった男【目次】

第四章　プロデューサーの眼――タレント、アイドル、野球チーム　133

はじめに

†テレビの発明家・萩本欽一

萩本欽一、愛称は「欽ちゃん」。職業はコメディアンである。一九七〇年代から一九八〇年代にかけて自ら企画・出演したテレビバラエティ番組が軒並み三〇%を超える高視聴率（関東地区世帯視聴率。ビデオリサーチ調べ。以下も同じ）を獲得し、「視聴率一〇〇%男」の異名をとった。もし戦後大衆芸能史の教科書があるとすれば、ひときわ大きく載るに違いない人物である。ある世代より上のひとなら当時のすさまじい人気をよく覚えているだろうし、家族とともに欽ちゃんの番組をテレビの前で楽しんだ経験がきっとあるだろう。私もそのひとりだ。

その萩本は、実は発明家でもあった。と言ってもエジソンのようなそれではなく、テレビにまつわるさまざまなことを考案した。そんな意味での〝発明〟である。そしてそのうちの多くのものは、いまも残っている。

たとえば、出演者が胸のところにつけている小さなピンマイク。いまやバラエティ番組はもちろん、あらゆる番組に欠かせないアイテムだ。

バラエティ番組では出演者が動き回ったり、身振り手振りで話したりする。だから常に手に持っていなければならないハンドマイクは、なにかと不便だ。

そこでピンマイクを導入したのが、萩本欽一だった。ブロードウェイの舞台稽古を見学した際に、「これはいい」ということでスタッフに注文して用意させたのである。日本のテレビでの導入は初めてのことだった。

また言葉の使い手としても萩本欽一は大きな足跡を残した。

たとえば、現在は日常会話でも使われる「天然」という表現を最初に使ったのも萩本欽一だった。

あるとき、萩本は「ジミーちゃん」ことタレントのジミー大西を『欽ドン！ハッケヨーイ笑った！』という自分の番組に起用した。ところがあまりに想定外な行動をとるジミーちゃんを持て余し、結局ジミーちゃんは早々にレギュラー降板となってしまった。そのとき萩本がジミーちゃんに言ったのが「天然だね」の一言だった。それまで「天然」をいまのような「天然ボケ」の意味で使った人間はいなかった。

この話がジミーちゃんの師匠的存在でもある明石家さんまに伝わり、それを面白がったさんまが自分の番組で使ったことがきっかけで「天然」という表現は広まっていった。これなどは、萩本による言葉の発明と言っていい。

†萩本欽一がテレビに起こした革命

もっと大きかったのは、バラエティ番組の新しい手法を次々に生み出したことである。テレビでラジオをやろうとしたこともそのひとつ。『欽ちゃんのドンとやってみよう!』という番組では、視聴者からの投稿ネタを欽ちゃんはじめ出演者が演じた。これは、萩本が当時やっていたラジオのネタ番組のスタイルをそのまま持ち込んだもの。いわばテレビとラジオのハイブリッド、メディアミックスである。いまでこそ珍しくないが、これも萩本欽一が最初にやったことだった。

また『欽ちゃんのどこまでやるの!』という番組では、バラエティなのに萩本が父親役になったホームドラマが繰り広げられた。こちらは、番組ジャンルの融合である。

バラエティのなかにドラマがあるというのも最近のテレビではよくあるパターンだが、これも萩本が切り拓いた手法だった。先ほどの『欽ちゃんのドンとやってみよう!』もこの番組も始まったのは一九七〇年代で、いまから約五十年前。先見の明に驚かされる。

そしてなんと言っても萩本欽一最大の発明は、素人をテレビの主役にしたことである。『欽ちゃんのドンとやってみよう!』『欽ちゃんのどこまでやるの!』をはじめ、萩本の番組では、お笑いに関しては素人の歌手や俳優、さらにオーディションで選ばれた未経験の素人が主役になった。前川清、中原理恵、イモ欽トリオ、わらべなどの芸能人だけでなく、つい昨日までは一般人だった人間が萩本の手で抜擢《ばってき》された。あるときテレビにはプロの芸は必要ないと気づいた萩本が、素人を積極的に起用した結果だった。

いまでは、面白い素人がフィーチャーされる企画はバラエティの定番だ。だが萩本欽一がそうするまでは、バラエティ番組は基本的にプロの芸人の聖域だった。その構図を萩本は根底から破壊し、変えたのである。それは、まさにその後のテレビの流れを決定づける革命だった。

†いまなぜ、萩本欽一なのか

ところが、そんな萩本欽一は、いまやどちらかと言えば〝忘れられた存在〟になっている。同じ時代に視聴率競争のライバルとしてしのぎを削ったザ・ドリフターズがいまだにテレビで特集されたりしているのを見ると、よけいその感は深い。

転機になったのは、一九八〇年代である。

漫才ブームという一大ブームがあった。『THE MANZAI』という漫才のネタ番組が三〇％を超える高視聴率を獲得。若手漫才コンビがアイドル的な人気を博し、そのブームのなかで台頭したビートたけし、明石家さんま、そしてタモリは「お笑いビッグ3」と称されるようになる。

その特徴は、本音の笑い。タブーを気にせず本音で主張するスタイルが若者に強く支持された。ビートたけしのギャグが「毒ガスギャグ」と呼ばれ、タモリが痛烈な風刺をこめたパロディネタで評判になったように、毒のある笑いがもてはやされた。

すると萩本欽一の笑いは仮想敵のように見なされ、偽善的だと批判されるようになった。確かに欽ちゃんの番組では「母と子の会話」などほのぼのとした笑いがメイン。また萩本自身、お笑いのポリシーとして下ネタを禁じていた。そうしたタイプの笑いは、過激さを求める漫才ブーム以降の笑いからみれば、「いい人すぎてつまらない」の一言で片付けられるものになってしまった。

だがそれから四十年ほどを経て、時代は明らかに変わりつつある。

コンプライアンス意識が高まり、バラエティへの厳しい目も強まるなかで、サンドウィッチマンに代表されるような、誰も傷つけない「やさしい笑い」が新しい笑いとして評価されたりもしている。

しかし、ここで一度立ち止まって考えてみてほしい。「やさしい笑い」とは、萩本欽一がかつてつくりあげた笑いのことではないのか。その意味では、笑いもまたそこに回帰しようとしているのではないか。

だから私たちは、いったん固定観念から自由になってもよいはずだ。萩本欽一は「いい人すぎてつまらない」という評言をうのみにせず、いまこそその笑いの真髄がどのようなものなのかを、フラットな気持ちで見つめ直してみる良いチャンスなのではないか。

実際、先ほど書いたように、萩本のもたらした数々の発明、そしてテレビの笑いにおける革命からいまもテレビを見る私たちは恩恵を受けている。そうした功績を忘れ、萩本の笑いを頭ごなしに否定はできないはずだ。

むろん萩本欽一の笑いのなかにも、いまでは古いとされる価値観が紛れ込んでいるだろう。その意味で、アップデートも必要だ。だが単に過激で笑えればよいという笑いではないという一点だけをとっても、萩本の笑いにはこれからの笑いに必要ななにかがある。それはきっと、私たちが「昭和」という時代から受け継ぎ、未来に伝えていくべきなにかだ。

一九四一年生まれの萩本欽一の人生は、たどり直してみればみるほど戦後の復興のなかで形づくられた「昭和」という時代を体現するものだったことがわかる。萩本欽一は、自らの内にある「昭和」のエッセンスを誰もが親しめる笑いというかたちで表現し、私たちのこころを惹きつけた。

ある自著のなかで萩本は、「みなさんには私がコメディアンとして大きな仕事をしてきたように思えるでしょうけど、私にとってはどれもほんの小さな出来事だった」と語っている（萩本欽一『人生後半戦、これでいいの』四頁）。

この言葉は謙遜でも自慢でもない。事実を正確に言い当てているのだと思う。

確かに萩本欽一は、革命とも言える大きな仕事をした。しかし萩本自身は、同じ「昭和」を生きた大多数の人びとと変わらない普通の人間にすぎない。コメディアンという職業もまた、世にある数多の職業のひとつにすぎない。だがテレビという舞台に身を置き、そこで成功するため必死にもがき続けた結果、萩本はいつの間にか「昭和」という時代の先頭に立つことになった。そのようにして、萩本欽一は「昭和」をつくったのである。

†本書の構成

そんな萩本欽一の人生の軌跡を振り返りつつ、その過程で萩本が成し遂げてきたこと、さらにその背景にある人生哲学を探り出そうというのが本書である。

第一章は、内気でシャイだった萩本少年がコメディアンになることを決意するまで。

第二章では、コメディアンになった萩本が、浅草修業時代を経て坂上二郎とコント55号を結成し、斬新なコントによって爆発的な人気を得るまで。

第三章では、テレビの司会者をやるなかで素人の面白さに気づき、『欽ちゃんのドンとやってみよう!』『欽ちゃんのどこまでやるの!』『週刊欽曜日』などのバラエティ番組で高視聴率を連発して「視聴率一〇〇%男」と呼ばれるようになるまで。

第四章では「欽ちゃんファミリー」と呼ばれるタレント集団、イモ欽トリオやわらべ、風見慎吾(現・風見しんご)のようなアイドル、さらには平成に入っても野球チーム「茨城ゴールデンゴールズ」などを人気にした、卓越したプロデューサーとしての顔。

第五章では、七三歳での大学入学、さらに八〇歳を機にユーチューバーデビューと、いまも新たなことに挑み続ける姿。

そして終章では、以上の話を踏まえ、萩本欽一がコメディアンとして体現した「昭和」とはなんだったのか、その本質を明らかにしたい。

では、さっそく萩本欽一とともに「昭和」をたどる旅に向かうことにしよう。

第一章

コメディアンになる

――気弱な少年の選択

1　父親の不在、母親の嘘——幼少期の萩本家

†三男なのに「欽一」となった訳

萩本欽一は芸名でなく本名である。一九四一（昭和一六）年五月七日、東京市下谷《したや》区南稲荷町二五番地に生まれた（萩本欽一『欽ちゃんつんのめり』一三二頁）。

南稲荷町は、上野駅からほど近いところ。浅草通りのあたりである。この一帯は、下谷神社が中心となっていることで下谷と呼ばれる。したがって明治五年（一八七二年）の新たな制度のもとでは下谷南稲荷町という町名だった。それが明治四四年（一九一一年）に「下谷」が外れて南稲荷町に。

ただ戦後、昭和三九年（一九六四年）に東京都台東区東上野二丁目と三丁目、元浅草二丁目に分かれて編入され、いまは町名としては存在しない。萩本家があったのは、現在の町名で言うと東上野三丁目になる。ただ本人曰く、南稲荷という町名に愛着があり、東上野が本籍地と言われてもピンとこないとのことだ（同書、一三二頁）。

父は萩本団治《だんじ》、母はトミ。欽一はその六人きょうだいの三男だった。長男、次男、長女

と次女、三男、四男の年齢がそれぞれ近く、上三人と下三人は年齢が離れていた。長男と三男・欽一の年齢差は一四歳である。「欽一」という名前も、命名を頼まれたお坊さんが長男だと勘違いしたのだった（萩本欽一『萩本欽一自伝 なんでそーなるの！』一七頁）。

ここからひとつ言えるのは、萩本欽一は年の離れた弟であり、また長男でもあるような関係性のなかで育ったということだ。いわば、兄にして弟のような二面性がそこにはうかがえる。後年、コメディアンとして活躍し始めてからの共演者との関係性においてもそんな二面性はあったように思える。

†東京・下町生まれの焼け跡世代

萩本は、空襲が人生最初の記憶だったと振り返る。四歳の誕生日を迎える前、頭巾をかぶって外へ逃げた。「物心ついたときはちょうど戦争中でね。記憶に残っているのは東京大空襲の日だったかもしれない」（同書、二六頁）。

一九四一年生まれは、昭和一ケタ世代の後に続く、いわゆる焼け跡世代。一九三五（昭和一〇）年から一九四六（昭和二一）年生まれを指す。萩本欽一の場合はちょうどその真ん中くらい。幼い頃の戦争体験の記憶はおぼろげにあるが、小学校入学は敗戦後のことなので軍国主義教育を受けてはいない。その意味では、戦後の価値観を最初から身につけた世代と言える。

このあたりは、萩本と同時期にテレビを賑わせることになったお笑い芸人・タレントの何人かと比較してみるとなかなか興味深い。

たとえば、タモリは一九四五年八月二二日生まれ。こちらも焼け跡世代に入るので、萩本とは同じ世代ということになる。ただ生まれた時点ですでに戦争は終わっていたので、当然その記憶はない。

そして福岡という地方で生まれ育ったことも、東京・下町生まれの萩本とは異なる。一〇代で東京・浅草の劇場での修業生活から芸能の世界に足を踏み入れた萩本に対し、福岡でサラリーマンをしていたタモリはジャズ・ピアニストの山下洋輔との偶然の出会いによって三〇歳にして芸能界に入った。萩本の庶民的感性の笑いに対しタモリの毒のある批評的笑いという二人の芸風の違いは、そんな生まれた場所と経歴の差がもたらした違いでもあっただろう。

むしろ東京の下町という点で共通するのは、ビートたけしである。たけしは一九四七年一月一八日生まれ。戦後の第一次ベビーブームに生まれた団塊の世代であり、萩本のひとつ後の世代である。だが浅草で生まれ、幼い頃に東京都足立区に移り住んだということで言えば、萩本と同じく東京下町出身である。

知られるように、たけしの芸風にはこの下町の雰囲気が色濃い。「てめえ、このヤロー」「なんだ、バカヤロー」といった口調で早口でまくし立てる。相手の年齢や地位に関係なくつっかかり、毒舌で翻弄する。言ってみれば、下町の典型的悪ガキがそのまま大人になったような芸風である。いまでこそ年齢を重ねて落ち着きと風格があるが、出始めの頃のたけしはまさにそのような感じだった。

一方、萩本の場合は、パッと見た限りでは、たけしのような下町色は薄い。むしろ正反対だ。「〜でしょ」とか「〜なのよ」といったやさしい口調で、人当たりも柔らかい。そこにはタレントとして生き残るための戦略もあったが、根本的な部分での二人の性格の違いもあった。そしてそこには生まれ育った家庭の影響があったように思える。

†波乱万丈の人生だった実業家の父親・団治

欽一の父・団治は、香川県の出身。波乱万丈の人生を送った実業家だった。

まずトミとの結婚の経緯からそうだ。

地元で見合いをすることになった団治は、お見合い相手の家を訪ねた。だが誰もいない。玄関口に立っていると、「おとなりさんは今お留守ですよ」と声をかけてくれたひとがいた。そのひとは自分の家で待つようにすすめ、お茶を出してくれた。団治はすっかりその女性を気に入り、お見合い相手のことも忘れ猛烈なアプローチを始める。それが、トミだった（同書、二七～二八頁）。

トミとの結婚後、上京。親戚筋にあたる畳表と履物の店で働き始める。だがそこでカメラに興味を抱くようになり、当時まだ珍しかったコダック社のカメラをその店で取り扱うようになる。さらに、閉鎖されたカメラ工場からほとんどタダ同然でレンズや蛇腹などの部品を買い集め、それを使った米兵向けのカメラを製造・販売。それが大当たりして、「団カメラ」というカメラ屋を始め、上野、神田、日本橋、銀座と一気に店舗を拡大するに至った（前掲『欽ちゃんつんのめり』一三四～一三五頁）。

さらに団治の経営する萩本商会は、カメラ製造にも本格的に乗り出す。「ダン35」という一眼レフの小型カメラをつくり、製造・販売。「ダン」というネーミングは、団治の「団」からとったものである。このカメラは戦後のカメラ史に残るもので、カメラ愛好家のあいだではよく知られているものだ。

こうした団治の生き様は、他の家族から見ると三男の欽一に最もよく受け継がれているらしい。兄の功が語ったところによると、団治も欽一もふだんはおとなしいのだが、いざ自分に向いた場に出会うと、大胆な人間に変貌する（同書、一三四頁）。好奇心旺盛で、新しいことに挑戦することをためらわない。そんな進取の気性に富んだところが似ているというわけだ。確かに萩本欽一の人生は、ほかの人間がやらないような新しいことへの挑戦の連続と言える。今風に言えば、起業家的なマインドの持ち主である。

そういうわけで、欽一が幼少の頃の萩本家は裕福だった。

ひとつの証《あかし》が、埼玉・浦和市（現・さいたま市浦和区）での疎開生活である。東京への空襲が激しくなり、一九四五年、萩本家は浦和に疎開することになった。引っ越し先は、当時としては珍しい洋館風の家。全部で六部屋くらいあった。しかも、住み込みのお手伝いさんが二人もいた（週刊文春編『「家」の履歴書』一六六頁）。

いわゆる疎開のイメージは、東京から遠く離れた田舎に行って不自由を我慢しながらつつましく暮らすというものだろうが、萩本家の場合は浦和なので東京から比較的近く、住まいもかなり豪華なものだったわけである。その意味では疎開らしい疎開ではなかった。

ただ不思議なことに、父親は浦和の家にほとんどいなかった。カメラの製造場所が東京の実家に置かれていたということもあるが、疎開先とそれほど離れていないにもかかわらず、団治は週に一日、土曜日しか帰ってこなかった。しかも団治のそばには日常の世話をする女性がいたため、周囲からは愛人かとも疑われたという（前掲『なんでそーなるの！』四五頁）。

†教育熱心な母親・トミのついた嘘

だが〝別居〟は、実は母親のトミからの要望だった。

後に欽一が団治から直接聞いたところでは、トミは団治にこう言ったという。「子どもを育てるのは命がけです。お父さんのことを一生懸命考えてると、子どもに対する愛情が薄くなります。お父さんに時間をたくさん使うと、子どもをうまく育てられない。中途半端に子どもを育てるわけにはいきませんから、お父さんは向こうの家に行っててください。その代わり、こちらの家にもお手伝いさんを入れていただきます」（同書、四五頁）。トミは箱入り娘のお嬢様育ちで、家事がいっさいできないひとでもあった。

つまり、欽一の親が別居したのは、トミが子育てに専念したいと切望したからだった。そう考える母親はほかにもいるかもしれないが、ここまで実際に徹底するケースはおそらくまれだろう。さすがに不思議に思った欽一が、「なんでお父さんは土曜日しか帰ってこないの?」と聞くと、トミは「本当に仕事をしている人は、一週間に一度ぐらいしか帰ってこないの。ほかの家のお父さんは、だいたい毎日帰ってくるでしょ?　そういう人はね、あんまりまじめに仕事してないのよ」と答えたという。その言葉を幼い欽一はすっかり信じ込み、疑うどころかすっかり父親を尊敬してしまった。萩本は、母親のことをいま思えば「うまい嘘を言うひと」だったと振り返る（同書、四二頁）。

トミは、結婚前は当時まだ数少ないタイピスト（「四国で四人だった」と本人が言っていたらしい）だったという。いわゆる職業婦人だったわけである。高等女学校の出身でもあった。教育熱心になったのは、そんな自身の経歴によるところも少なからずあったのだろう。

こうして浦和の家では、トミによる欽一への教育が始まった。幼稚園へ行きはじめたばかりの欽一を毎日テーブルに座らせて、字を書く練習をさせる。最初は「あいうえお」のひらがなからだったが、ただ書けるだけではだめで、「あ」ならちゃんとお尻のところを大きく書かなければならない。だが欽一はまだ幼稚園で簡単にはうまくならない。するとトミは欽一の手をぴ〜んと思い切り叩く（同書、三四〜三五頁）。

そこにはただ単に字を覚えさせるだけにとどまらない、トミの配慮があった。「字は人のために書く！」というのがトミの口癖。「欽一が作文を書いたら、読むのは先生です。手紙を書いたら、その字を見て郵便屋さんが届けてくれるのよ。だから字が汚いと人に迷惑がかかります」。つまり、字をきれいに書くのは自己満足ではなく「人さまに迷惑をかけない」ようにするためだというわけである（同書、三五〜三六頁）。

トミなりの教え方の工夫もあった。たとえば、漢字を教えてくれるとき、新聞広告の裏側を使う。そしてもし間違えたなら、鉛筆を突き刺して表側を見る。すると「豚コマ30

0グラム150円」となっているところに穴が開いていたりする。そこで連想ゲーム的にその漢字を「豚コマ300グラム」の字として覚える。すると簡単には忘れない。

教育熱心なこと自体は、当時としては珍しいものではない。戦後まもなく民主化が叫ばれるなか、教育熱も高まった。貧富の差や家柄に関係なく、勉強さえできれば大学に進学し、自分の望む会社に入って出世もできるという希望が持てるようになったからである。

ビートたけしの家庭もそうだった。自伝的エッセイ『たけしくん、ハイ!』にも登場する母親の北野さきはとりわけ教育熱心で、たけしをはじめ子どもたちに勉強させることに人一倍エネルギーを注いだ。『たけしくん、ハイ!』には、父親の菊次郎が酔っ払って帰ってくると、子どもたちをわざわざ外に連れ出して街灯の光で勉強させたというエピソードが綴られている。

当時たけしの家庭は貧しく、その苦境から脱却する道として子どもの進学が最も現実的な方法のひとつだった。さきの教育の甲斐あってたけしも明治大学工学部に進学するのだが、学生運動最盛期という時代のなかで入学後すぐにドロップアウトして新宿でフーテン生活に。結局、萩本欽一と同じく浅草で芸人の道に進むことになる。

†欽一少年、「よいしょ」を覚える

欽一の場合もトミの教育が実を結び、通った高砂《たかさご》小学校では果たして優等生になった。そして級長にもなった。

だが一方で、勉強はできても人前に出るのが苦手な子どもだった。「起立」の号令をかけるにしてもドキドキして小さな声しか出せず顔が赤くなってしまう。音楽だけ「5」がとれなかったのも、人前で歌うのがどうしても恥ずかしくまともに歌えなかったからだった。遊ぶときも、周囲が声をかけてくれるのを待っているような引っ込み思案のおとなしい子どもだった（同書、三八〜三九頁および前掲『「家」の履歴書』一六六頁）。

萩本は、その頃の自分は「親に騙された優等生」（同書、一六七頁）だったと振り返る。トミの巧みな教えかたに誘導されて成績は良かったものの、「自分ではなんとなく居心地の悪さを感じてた」（前掲『なんでそーなるの！』五六頁）のである。

そこに転機が訪れる。小学四年生のときに、再び南稲荷町の昔住んでいた長屋に戻ったのである。それと同時に欽一を取り巻く環境も一変した。浦和に比べ生活のすべてが変わったが、とりわけ欽一が最も驚いたのは、同級生や近所の子どもたちの違いだった。

わかりやすく言えば、山の手と下町の違いである。浦和の子どもたちはみんな仲良くという上品な感じだったのに対し、南稲荷町の子どもたちは、遊びひとつとっても弱肉強食の世界だった。たとえば、メンコ。浦和ではただ互いにメンコを叩いているだけだったが、南稲荷では遊びというより博打になる。お互い熱くなると、「メンコ四〇〇枚」「缶のメンコ全部」などと手持ちのメンコをすべて賭けての大勝負になる（同書、五二～五三頁）。

そんな世界で欽一が身につけたのは「よいしょ」の精神だった。

南稲荷の子どもの世界では、ガキ大将が圧倒的な力を持つ。体格も大きければ、遊びの勝負にも強い。そこで欽一は、生き延びるためガキ大将のご機嫌を取る術を身につけた。ガキ大将が「今日ビー玉やるか？」と言えば、そう思っていなくてもすかさず「あ、いいですよねぇ～、ビー玉。僕もビー玉やりたかった！」と同調する。するとガキ大将も気分がよくなり、勝負を挑まれたり、自分のビー玉をとられたりといったひどい目にあわないですむ（同書、五四～五五頁）。

萩本は、この「よいしょ」の技を磨いたことが、あとで考えるとコメディアンの最高の修業になったという（同書、五五頁）。確かにそれは、幇間《ほうかん》芸、タイコモチに通じるものがあるだろう。もう少し広く解釈すれば、他人を不快にしないコミュニケーション術を、萩本は知らず知らずのうちに体得していたわけである。当人は、「察する」ことを学んだとも振り返る（前掲『「家」の履歴書』一六八頁）。ここからわかるのは、萩本欽一にとって笑いとはなによりもコミュニケーションであり、空気を読む術でもあるということだ。

「よいしょ」を上手くやるのにも苦労はあったはずだが、当時の欽一にとっては「優等生でなければならない」という窮屈さからの解放感のほうが大きかった。「やっぱり僕ってだめな子だったんだ」と気づいた南稲荷での日々は、「本来の自分になれた」時間でもあった（前掲『なんでそーなるの！』五六〜五八頁）。

だがその一方で、萩本家の家計は日に日に逼迫の度を増していた。南稲荷町に戻ったのも、父親の事業が振るわなくなっていたからだった。最大七店舗あったカメラ屋も、上野の一店舗のみ残して閉店してしまっていた。二眼レフのカメラが流行するなかで、一眼レフの「ダンカメラ」も売れなくなっていた。

そしてとうとう上野の店舗も閉めることに。一九五六年、萩本家は南稲荷町から文京区丸山町にある築五〇年の古びた借家に引っ越さざるを得なくなった。そこで待っていた極貧生活は、中学三年生になっていた欽一の人生にも深刻な影響を及ぼすことになる。

2　勤労少年・萩本欽一の人生観

†中学で覚えた「ウケる快感」

萩本欽一の中学生活はどのようなものだったのか。

一九五三年東京・台東区の御徒町《おかちまち》中学に入学。萩本は、中学時代を「まことに中途半端にすごした」と回顧する（前掲『欽ちゃんつんのめり』一〇三頁）。

学校の成績は五〇〇人中二〇〇番前後をうろついていた。だがそうだからと言って、スポーツで目立っていたわけでもなかった。一年生では卓球部に所属したが、学校代表の選手になることができず見込みなさそうと思い、退部した。校内のバレーボール大会では相手チームに狙われて自己嫌悪に陥り、ちょっと自信のあった短距離も学校対抗の大会に出たら予選でビリから二番目。ショックで泣いてしまった（同書、一〇三頁）。

後に茨城ゴールデンゴールズで深くかかわることになる野球だが、野球部にも三年生で所属した。このときは打率一割台の成績ながらもなんとかレギュラーの座を確保していたが、ある日の試合に遅刻した際、代わって出場した後輩がセンターオーバーの二塁打を打つのを目の当たりにして自信を失った（同書、一〇四頁）。

「ショックに弱いのは持病のようなもの」（同書、一〇四頁）とは本人の弁。ここまでみてきたように、とにかく自分を主張することが苦手だった萩本欽一だが、その裏には失敗したときのショックをつい想像してしまうことがあるのかもしれない。

そんな一見特筆すべきことのない中学生活だったが、将来コメディアンになるきっかけとなった忘れがたい出来事もあった。それは、二年生のときの担任だった杉田静枝先生の言葉である。

当時、欽一のクラスではある遊びが流行っていた。杉田先生の授業の前、黒板に先生のあだ名を書き、先生が教室に入ってくる直前にそれを消すという遊びである。気弱で引っ込み思案だった欽一も、乗り気ではなかったがあるときその遊びに参加することになった（前掲『なんでそーなるの！』六二頁）。

ところが、慣れない欽一は、「先生が来たぞ！」の言葉に慌ててしまい、字を消しそこなった。杉田先生は黒板を見て、「誰です、これを書いたのは？」と一言。シーンとする教室。そしてもう一度「誰です？」という先生の声。耐え切れなくなった欽一は、思わず「先生、僕です」と手を挙げた。すると先生は、こう言った。「萩本君、男の子はこのぐらいのイタズラをする勇気がないとだめよ」（前掲『欽ちゃんつんのめり』一四二頁）。

てっきり叱られると思っていた欽一は、逆に励まされたことに驚き、感激した。そして先生に恩返ししようと誓った。具体的には、授業に積極的に参加するようになった。先生が質問をする。欽一は「はいっ！　はいっ！」と手を挙げる。「萩本君！」と先生が指す。欽一は元気に答える。「ハイ、わかりません！」（同書、一四二〜一四三頁）。

勉強もあまりしなくなっていた欽一は、ただ恩返しのつもりで手を挙げていたのである。だから答えがわかっているわけではない。欽一にしてみればごく真面目な気持ちだったのだが、教室が変な雰囲気になってもおかしくない。

ところがここで、本人も予期しない反応が起こった。そのやり取りにクラスメートたちがどっと笑ったのである。そのうち、欽一が手を挙げただけで笑いが起こるようになった。友だちからも「お前、面白いやつだなあ」と言われるようになった（同書、一四三頁）。

これが、萩本欽一にとってのコメディアンを目指すきっかけのひとつになった。興味深いのは、笑わせようとして笑いをとったわけではないことだ。黒板の落書きにしても授業中の挙手にしても、いってみれば失敗である。恥ずかしさで軽いトラウマになってもおかしくない。だが結局それが笑いにつながったことで逆にうれしい思い出になった。「ウケる快感」を覚えたわけである。つまり、笑いとは失敗を成功体験にできるものなのだ。

このことは、後年一九七〇年代から八〇年代にかけて、萩本が自分のテレビ番組に素人を起用して成功したことを思い出させる。そこでの萩本は素人の面白い失敗を引き出す側にいたが、この中学時代のエピソードは、自らも素人として同じ立場を経験していたということを示すものだろう。

†「お金持ちになりたい！」という決心

しかしながら学校を離れると、特に文京区に引っ越してからの生活は困窮を極めた。食卓に並ぶのは、焼き魚と味噌汁とタクワンくらい。トミは料理が苦手なこともあって、煮物が出ることはなかった（前掲『なんでそーなるの！』六〇頁）。あるインタビューでは、食事はお粥になったとも語っている。腹をすかした欽一が少ない米粒をこっそり集めて掬おうとすると、母親が飛んできて叱られた（前掲『「家」の履歴書』一七〇頁）。ますます貧しくなっていった様子がうかがえる。

そこに、萩本欽一にある決心をさせる場面がやってくる。

当時の萩本家はただ貧しかっただけではない。根本には団治の事業の不振があり、当然借金も重なっていた。家にはいつも、借金の取り立て屋が来るような状況だった。団治は相変わらず週に一度しか帰ってこないため、応対をするのはトミの役目だった。

そのなかで、こんなこともあった。欽一が帰宅すると、トミが「きょうは停電だから」と言い、外で映画を見てくるようにと家に入れなかった。実はそれはトミの嘘。子どもたちに外で時間を過ごさせるようにしたうえで、家じゅうの灯りを消し、鍵をかけて一人だけで暗闇のなかじっとしていたのである。そこに家を差し押さえる執行吏がやってくる。だが声をかけてもドアを叩いても反応がないままなのを知り、あきらめて帰っていく（前掲『欽ちゃんつんのめり』一三七頁）。

だが対策にも限界がある。切迫した状況のなか、欽一は決定的な場面に遭遇する。

ある日、いつものように取り立て屋がやってきた。欽一はトミに「いないって言っておくれ」と頼まれたが、取り立て屋に凄まれ「います」と言ってしまう。仕方なく出ていったトミだが、取り立て屋の怒りは収まらない。玄関の三和土に額をつけてひたすら「ごめんなさい、ごめんなさい」と謝り続けるトミ（前掲『「家」の履歴書』一七〇頁）。

母親の土下座を目の当たりにした欽一の目からは、自然に涙がこぼれた。そして同時にこう決意した。「お金持ちになりたい！」（前掲『なんでそーなるの！』六一頁）。中学三年生のときである。

では、どうすればお金持ちになれるのか。家計のことを考え、高校進学ではなく中学を出たら働く気になっていた欽一にとって、学歴の必要な医者や弁護士、官僚になる選択肢はなかった。基準は、大学に行かなくても大きな家に住んでいる職業。その結果、ヤクザ、野球選手、映画スターの三つが残った。

まずヤクザは除外。これは、反社会的という以前に、幼い頃お手伝いさんに夜読んでもらった『イソップ物語』のなかで、悪いことをすると狼に食べられるという話があまりに怖く、その記憶がずっと頭から離れなかったからだった。では野球選手は？　先ほどふれたように野球部の苦い思い出があってこれもダメ（前掲『「家」の履歴書』一七〇頁）。

残ったのが映画スターである。ただ、主役の俳優は、みな顔が綺麗。二重まぶたで目もくっきりしている。それに比べ、欽一はタレ目でどうみてもくっきりとはしていない。

しかし、映画には脇役だが面白いことをやっている人たちがいたことを思い出した。当時で言えば、堺駿二《さかいしゅんじ》(タレント・堺正章の父)、伴淳三郎《ばんじゅんざぶろう》、花菱《はなびし》アチャコなどが、映画で笑いを振りまき人気もあった。これならもしかしたら自分にもできるかもしれない。杉田先生の件で「ウケる快感」も知るようになっていた欽一は、そう考えた(前掲『なんでそーなるの!』六二頁)。

そのことを団治にも話し、伝手をたどって当時「デン助劇団」を率い浅草で大人気だったコメディアンの大宮デン助(大宮敏充《としみつ》)に弟子入りのお願いをする運びになった。だが実際に会ったデン助の返事は意外なものだった。これからのコメディアンは高校ぐらい出ていないといけない。だからまず高校へ行き、卒業したらまた来なさい。デン助はそう言ったのである(同書、六六〜六七頁)。

†アルバイトの日々だった高校時代に学んだこと

いきなり予定外の高校受験をすることになった欽一だが、すでに時期的に都立高校の受験は終わっていた。実は、高校は行かないと決めていた欽一は、トミの希望で都立高校を受験するふりだけをして不合格だったとウソをついていた。残っていたのは一部の私立高校だけである。その結果、私立駒込高校に通うことになった。

だが私立なので学費は高い。しかも学校で履く靴は革靴でなければならないなどなにかとお金のかかる部分も多い。とはいえトミに無理を言うわけにはいかない。元々は、コメディアンになるために仕方なく入った高校である。そこで自然の成り行きとして、精を出したのがアルバイトだった。

まず始めたのが新聞配達。兄のお古しかなかった革靴を学校に履いていったが、友人でさえふれることを避けるほどのボロ靴だった。さすがに困った欽一は、毎日登校前に朝刊配達のアルバイトをすることにしたのである（同書、七〇〜七二頁）。

少しお金を稼ぐようになった欽一とトミとのあいだにこんなやり取りもあった。トミが欽一に「お金貸してくれる？」と聞く。すると欽一は「いいよ。はい、これ」とアルバイト代を渡す。トミがそのなかから、「はい、来月の授業料をあげるわね」とお金を渡す（同書、七三頁）。

息子のアルバイト代で学費を払わなければならない事情には悲哀が漂う。だがそれを踏まえてのこの二人のやり取りには、それだけでは終わらないユーモラスな面もある。

庶民の笑いと言うべきだろう。萩本家の困窮具合は相当なものだったが、一九五〇年代の日本自体が、高度経済成長も始まろうとしていたとはいえ総じてまだ貧しかった。その意味では、当時の家庭にわりとあったような話にも思えてくる。加えてこのくだりは、後年の欽ちゃんの番組でしばしば見られたホームドラマ的な笑いにも明らかに通じている。

ほかにも高校時代の欽一は多くのアルバイトをした。そのうち、甘納豆屋のアルバイトでは、こんなこともあった。

自転車で甘納豆を配達していた欽一だが、見知らぬ男性の運転する車にひっかき傷をつけてしまった。激怒する相手に対し、自らの家庭の事情を訴えたうえで弁償するならその男性の会社で働いて返すと必死で訴える欽一。するとその男性は、欽一の主張を認め、自分もまたアルバイトから始めて現在に至ったことを語り、高校を卒業したあともしよかったら会社に来てくれるようにと言って、名刺を渡して去っていった（同書、七七〜七八頁）。

アルバイトでこうした得難い経験をするなか、学校ではこのようなこともあった。試験で同じ点数だったのに、他の生徒が自分より評価が高かったことを知った欽一は、先生に抗議をした。ところが先生は、生徒の親がお中元を持ってきたこと、そして学校はそういうことも考慮しなくてはいけないことを欽一に語ったのである（同書、八四頁）。

もし自分がこういうことを言われたら、先生の言葉の理不尽さにいっそう憤りを募らせるというひとは多いのではないだろうか。だが欽一は違っていた。その先生のことが大好きになったのである。なぜなら先生は、お金を持っている者が勝つという資本主義の世の中の仕組みを包み隠さず正直に吐露していたからだ。だから「萩本、わかるか？　勘弁してくれ」という先生の言葉もなぜか素直に受け入れることができた（同書、八四頁）。

このとき、萩本欽一は、貧乏な自分というものをちゃんと引き受けなければならないという覚悟を決める。貧乏に苦しめられるほど、それに負けずに踏ん張ろうという思いを抱くようになる（同書、八四〜八五頁）。この決意は、不運なときほど将来の幸運をためているのだとする萩本独特の「運の法則」が生まれるひとつの萌芽になったと言えるだろう。

3　なぜ、落語家でもなく漫才師でもなくコメディアンを目指したか

†チャップリンから得た救い

ここで萩本欽一がいったいなぜコメディアンという職業を目指すようになったのか、もう一度整理しておこう。

理由のひとつに貧乏があったことは、繰り返すまでもない。借金の取り立て屋に土下座して謝る母のトミを見て涙し、お金持ちになることを決心したことがコメディアンの道を選ぶ大きなきっかけだった。

ただ、これだけだとコメディアンを目指したのはただお金を稼げるからということになる。もちろんそれも立派な理由のひとつではあったが、もう一方で笑いそのものが萩本欽一にとってかけがえのない救いでもあった。そのひとつは、中学時代に杉田先生の例の言葉からもたらされた「ウケる快感」。そしてもうひとつが、チャップリンの映画である。

萩本家に押しかける借金の取り立て屋と顔を合わさせないようにするため、母トミから家に帰らないよう言われたことがあったことは先ほど述べた。その際トミは、夕食代として五〇円を渡してくれた。だが欽一は、なにも食べずに巣鴨で映画を観ることも多かった。その結果、電車賃もなくなり文京区の家まで一時間半ほどかけて歩いて帰ってくることになる（同書、九二頁）。

そんなときは、どうしても自分のいまの身の上に思いが及び、悲しくなってしまう。しかしそうしたなかで、一時間半が全然苦にならない日があった。その日観た映画を思い出し、歩きながら笑っている自分がいた。それが、チャップリンの映画『モダン・タイムス』を観た日だった（同書、九二〜九三頁）。

後年、コメディアンとして成功した萩本は、テレビ番組の企画でスイスに住むチャップリンの家までいきなり直接会いに行っている。チャップリンに対する憧れが一ファンの域を超えていたことは、このことひとつ取ってみてもよくわかるだろう。その原点は、この映画からの帰り道にあった。萩本欽一は、文字通りチャップリンによって救われたのである。同時にコメディアンという仕事への尊敬の念も生まれた。

一般に、お笑いの道へと進む人間には二通りいる。クラスの中心で明るく人気者だったタイプと逆にクラスでは目立たなかったおとなしいタイプである。前者の代表は明石家さんま。さんまは周りの友人たちをいつも笑わせ、サッカーをはじめスポーツも得意。学校の人気投票でも芸能人に負けないほどの人気者だった（明石家さんま『こんな男でよかったら』）。

萩本欽一が後者だったことは、ここまでの話からも明らかだろう。むしろ人前に出るのも恥ずかしいような内気な少年だった。ただ、貧しさがいつも付いて回る生活のなかで、笑いが唯一と言ってよいほどの救いだった。

だが、笑いの道ならば落語や漫才もあったのではないか、なぜコメディアンだったのかという声もあるだろう。これについても、経済的理由と笑いに関する理由の二つがある。

欽一は、落語家の家を見に行ったことがある。格子戸の玄関のついたきれいな家だったが、庭がなかった。次に漫才師の家を見に行った。庭のある家だった。ただ垣根が壊れていた（前掲『なんでそーなるの！』六五頁）。

そこで見に行ったのが、東宝の『社長シリーズ』などで人気絶頂だった喜劇俳優・森繁《もりしげ》久彌《ひさや》の家。東京の郊外にあった森繁の家は聳《そび》え立つような洋館。その近所にやはり喜劇の世界で活躍した清川虹子《きよかわにじこ》の家もあったが、庭だけで五〇坪くらい。しかも青々とした芝生を敷きつめてあった。これで落語家でも漫才師でもなくコメディアンを目指す気持ちが固まった（同書、六五〜六六頁）。

他方で、笑いという点ではやはりチャップリンの存在が大きかっただろう。チャップリンの笑いは、当然ながら日本の伝統的大衆芸能である落語や漫才とは異なる。落語や漫才が主として言葉を操る芸、言葉に伴う笑いであるとすれば、舞台芸人の両親のもとで生まれ、自らも喜劇の舞台から出発したチャップリンの土台となったのは、パントマイムなど動きによる笑いだった。当時の日本においては、そうした笑いを積極的に提供していたのが浅草の軽演劇である。中学時代、萩本欽一が大宮デン助の弟子になろうとしたのもそのような動きによる笑いを志向していた背景があったからだった。

†浅草・東洋劇場でコメディアンに

さて一九六〇年春、欽一はいよいよ高校卒業の時期を迎えた。高校進学の約束も果たし、大宮デン助のもとへ赴き弟子入りする……はずだった。

ところがぎりぎりになって、状況が大きく変わる。デン助のところへ行こうとしていた欽一は、その途中緑川士朗という人物にばったり会った。緑川は浅草の劇場の演出家で、かつてデン助とのあいだを取り持ってくれたひとでもあった。だから欽一の事情もよく知っている。その緑川が、こう言った。「デン助さんは今すごく忙しいからね、君との約束を覚えていないかもしれないよ。もしデン助さんに断られたら僕のところへおいで」(同書、九六頁。このあたりは、緑川とデン助の楽屋までは赴いたことを話しているインタビューもある)。

それを聞いた欽一は、大宮デン助のところに行くことをやめ、最初から緑川のところへ行くことを決める。欽一との約束をデン助が覚えていないかもしれないと言われたこと、緑川が自分のところに来てもよいと言ってくれたことがこころに響いたのである。失敗に対して過剰なほど敏感だった欽一にとって、それが自然の流れだったのだろう。

緑川が演出を務めていたのは、東洋劇場という演芸場である。

東洋劇場は、浅草の中心的繁華街である「浅草六区」にあった。現在も、浅草フランス座演芸場東洋館として営業を続けている。東洋興業という会社が、元々映画館だった場所をストリップ劇場に衣替えして、それが大当たりしたのが出発点である。「フランス座」と名づけたのは、このストリップ劇場に通い詰めた作家の永井荷風だった。

ストリップと言っても、このフランス座のものは踊りを中心にした「レビュー」と呼ばれるショー形式のもの。その幕間にコントが上演されていた。欽一が入った東洋劇場はそのうち演芸部門を独立させた五階建ての劇場であり、当時は同じビルの一階が東洋劇場、上階がフランス座になっていた。コメディアンは、両方に出演する。

一九五〇年代の終わりから六〇年代ごろの浅草には、まだ軽演劇の本場としての伝統が息づいていた。戦前のエノケンこと榎本健一をはじめ、同じ東洋劇場の先輩としては渥美《あつみ》清《きよし》や東八郎《あずまはちろう》など、浅草の劇場はコメディアンにとっての大きな出世コース。萩本欽一は、その伝統のなかに身を投じたわけである。七〇年代前半には、ビートたけしもまた芸人を目指してフランス座に入って来ることになる。

†テレビ時代が始まるなかで

こうして、萩本欽一の浅草でのコメディアン修業は始まった。まずは研究生（と言っても実際は雑用係だったが）としてである。

その頃の世の中の動きに目を向けてみよう。萩本が東洋劇場に入った一九六〇年は安保闘争の年である。国会議事堂前には連日デモに参加する学生などが大勢集まり、警察と衝突を繰り返していた。世論も、日米安全保障条約の是非をめぐって大きく揺れ動いていた。

そしてそれから少しさかのぼった前年の一九五九年には、皇太子ご成婚があった。皇太子（現・上皇）の結婚相手である正田美智子は民間出身ということもあって人気が沸騰し、

〝ミッチーブーム〟が日本中で巻き起こる。その熱気のなかで挙行されたパレードの模様はテレビで生中継され、多くのひとの目が釘付けになった。一九五三年に本放送が始まりながら普及が遅れていたテレビは、この国家的イベントをきっかけに爆発的に普及することになる。テレビ時代の幕開けである。

つまり萩本欽一が芸能界に足を踏み入れたのは、テレビがちょうど娯楽の中心になろうとしていたタイミングだった。一九六〇年代以降、実際多くの浅草芸人がテレビを通じて人気者になっていく。

ただテレビ時代の始まりが、後に「視聴率一〇〇%男」の名をほしいままにする萩本にとってすぐに絶好のチャンス到来となったかと言うとそうではなかった。むしろテレビは、なによりもまず恐ろしい〝魔物〟として萩本の前に立ちはだかった。テレビとの出会いは最悪と言ってもよいもので、そのときの恐怖は萩本に激しいトラウマを残すものになる。

だがそれ以前に、萩本欽一は浅草での修業生活でいきなり分厚い壁にぶつかった。それは、萩本にコメディアンの道をあきらめようと思わせるほどの試練であった。また他方で萩本家の経済的苦境も相変わらず続き、一家は大きな決断を迫られることになる。

萩本欽一は、いったいその度重なる危機をどう乗り越え、坂上二郎と組んだコント55号で大ブレークするに至ったのか。次章でみていくことにしたい。

第二章

枠からはみ出す

——コント55号が大成功した理由

1　辞めることも考えた浅草新人時代——萩本欽一を救ったもの

†たった三カ月での"引退危機"

浅草・東洋劇場でコメディアン人生のスタートを切った萩本欽一。その舞台デビューは意外に早くやってきた。セリフも三つある。だが最初のセリフはガチガチになりながらかろうじて言えたものの、残りの二つが出てこない。一緒に出ていた先輩が上手く取り繕ってくれて、なんとかその場は乗り切った（前掲『なんでそーなるの！』九六～九七頁）。

考えてみれば、萩本欽一は人前に出るのも恥ずかしい内気な少年だった。いきなりそれが克服できるはずもない。むしろこの失敗は、一念発起するきっかけにもなった。翌日から萩本は朝早く劇場に行き、誰もいない舞台の上で「萩本欽一だ！　俺は萩本欽一だ！」と大声で叫ぶことから始める。そのおかげで、少しずつ舞台での緊張はほぐれるようになった（同書、九七ページ）。

だがどうやっても上手くならないものもあった。踊りである。

フランス座のショーにも出演する東洋劇場のコメディアンにとって踊りは必須科目。しかし、萩本の踊りはひどく、踊り子たちが「笑っちゃってこっちも踊れなくなっちゃう」とクレームをつけるほどだった。そこで踊り子と一緒にレッスンをするようになったが、それでも一向に上達しなかった。リズム感のなさを痛感した萩本は、なんとかしようと秘かにドラムの練習を始めたほどだった（同書、九七〜九八頁）。

そんな日々が続くなか、萩本欽一は演出の緑川士朗に呼び出された。そしてこう言われた。「あのなあ、コメディアンをこれまでたくさん見てきたけど、早いやつなら一週間もするとコメディアンらしい雰囲気を見せるんだよ。（…）珍しいよ、お前は。三カ月経っても、コメディアンの気配も漂わないもんな。やめるんなら早いほうがいい。はっきり言ってお前はコメディアンに向かないと思う」（同書、一〇〇頁）。

萩本の将来を思ってのこととはいえ、なんとも厳しい言葉である。血気盛んな若者であれば、あまりのストレートかつ辛辣な言いかたに反発してもおかしくない。だが萩本欽一はやはり萩本欽一と言うべきか、納得してしまった。「はい、自分でも無理な気がします。今月いっぱいでやめることにします」（同書、一〇〇頁）。

ところが、意外なところから救いの手が差し伸べられた。当時劇場のコメディアンの座長格で萩本の師匠的立場でもあった池信一（当時人気時代劇ドラマ『銭形平次』にレギュラー出演していた）である。実は萩本欽一は、その場ではすぐに辞めるような返事をしたが、本音ではあと二、三カ月時間が欲しいと思っていた。それを見ぬいた池は、緑川に「クビにしないでくれ」と掛け合ってくれた。理由は、「才能はないけど、「はい〜っ!」てあんなに気持ちのいい返事をする奴はいない」というものだった(同書、一〇〇〜一〇一頁)。

池を感心させた返事は、高校時代やっていた洋食屋のアルバイトで身についたものだった。さらにさかのぼれば、子ども時代ガキ大将たちと遊ぶなかで培った「よいしょ」の精神の賜物でもあっただろう。何事も要領よくできない自分というものを認めたうえで、世を生き抜いていくため懸命に習得したものが、ここでも萩本欽一を救ったのである。この池の言葉に感激した萩本は、コメディアンとしての道に打ち込む決意を固めた。

†萩本家「解散」とその後

だが一難去ってまた一難。今度は萩本家に大きな転機が訪れる。コメディアンになって半年ぐらいになろうとする頃、まだ別居していた父・団治の家が火事になり、欽一たちの住む家に戻ってきた。

その頃欽一らは、東京・目黒の大橋で暮らしていた。次兄がサラリーマンになったので、その給料で生計を立てていたのである。ところが次兄は団治のことを快く思っていなかった。かつて団治から「東大に行け」と言われ、早稲田大学に合格したのに認められず浪人せざるを得なかったという苦い思い出があったからである。長年家にもろくに寄りつかず、好き勝手に暮らしてきたように映る団治の面倒をいまさら自分がみることに我慢ならず、次兄は自らの給料で父親を養うことを拒絶した（同書、一〇三頁）。

ではどうするか。萩本欽一はコメディアンを一時休業して普通の勤め人になることも考えた。だがここでも池信一が他の同僚たちからカンパを募り、四万五〇〇〇円用意してくれた。当時の欽一の月給は三〇〇〇円。つまり、給料一年分以上の額である。それを団治に渡して当面の生活費にあててもらおうとした（同書、一〇三～一〇四頁）。

ただそこからさらに紆余曲折があった。一家全員が集まったのを機に話し合いが持たれ、結局萩本家は「解散」を決める。そのような状況になってみて、団治だけでなく家族全員が次兄の給料に頼っている状況はさすがに間違っていると気づいたのである。当時〝ヤクザの解散式〟がよく話題になっていて、そこで「うちも解散するか」という結論になった。団治とトミの両親二人は郷里の香川へ、姉は交際していた恋人と結婚など、各々がそれぞれの道を行くことになった（前掲『「家」の履歴書』一七二～一七三頁）。

困ったのは欽一だった。月三〇〇〇円の給料では、借りられる部屋もないし食べていくのも心もとない。するとここでも救いの手を差し伸べてくれるひとが現れた。隅田川のそばにある豆腐屋の知り合いが「うちの二階においでよ」と言ってくれた。三畳間である。

店の配達などを手伝えば、家賃はタダ。朝食も崩れてしまった豆腐の味噌汁とご飯を食べさせてくれた（同書、一七三頁）。

昼は先輩の洗濯やお使いをすると、その先輩が一緒に出前を取ってくれる。夜はアルバイトに行く先輩のかばん持ちを率先してやると、そのアルバイト先で食べさせてくれる。ここでも「よいしょ」の精神が功を奏したわけだが、特に親切に面倒を見てくれたのが、トリオ・スカイラインで後年人気を博する先輩、東八郎だった。その後東は、公私両面において萩本欽一と縁の深い人物となる（同書、一七三頁）。

✝ひとりの女性との運命的出会い

縁と言えば、東洋劇場にいた頃、一生にかかわるひとりの女性との運命的な出会いがあった。

その女性は、踊り子のひとり。しかもトップスターだった。欽一よりも年齢的には二歳上である。芸名は高峰みゆき。本名を畠山澄子といった（向井爽也『喜劇人哀楽帖』一八二～一八三頁）。

こうした劇場においては、トップスターの踊り子と駆け出しのコメディアンのあいだには絶対的な「格差」が存在する。トップスターは劇場の屋台骨を支える存在。そのスターとまだ何者でもない新人コメディアンが交際するなど当然ご法度である。だが彼女のほうがなにかと欽一のことを気にかけ、面倒をみてくれた。

きっかけは、欽一ではなく彼女のほうから。「坊主。家が遠いからここで寝ていくぞ」と言って、三畳間の下宿に突然やってきた。何もない部屋を見て、「芸能界やるならテレビぐらい見なきゃダメよ」とテレビを買ってくれ、ついでに家具まで揃えてくれた。大家は同棲だと思い込み、広い四畳半に移らせてくれたが、欽一にとってはあくまで雲の上的存在の「姐さん」であり、そんな気はさらさらなかった（前掲『「家」の履歴書』一七四頁）。

ところが、澄子のお節介は続いた。少し稼げるようになった欽一が競馬、競輪、麻雀といった遊びを覚えると、「あんたはコメディアンで有名になると思う。遊んでちゃダメ。お金はあたしが面倒みるから芸を磨きなさい」と諭した（同書、一七四頁）。

そのうち、欽一は、金銭面だけでなく精神面でも澄子に支えられるようになっていく。ある時、「困ったら質にでも入れな」と言って、自分がしていたネックレスをぽんと渡してくれた。きついどさ回りの地方巡業で苦労したときも、そのネックレスを肌身離さず持ってお守り代わりにしていた（前掲『なんでそーなるの！』一一九〜一二一頁）。

こうして澄子に何から何までお世話になり、その気持ちにも感激した欽一は、「結婚しよう」と言った。二二歳のときである。

しかし、澄子の返事は意外なものだった。「バカ言うんじゃない。あんたのことは弟みたいに思ってる。出世させたいだけよ」。その後東洋劇場を辞めてからも、時々ふらりと現れてはお金を渡してくれていたが、欽一がコント55号で売れて多忙になると、「有名になってよかったね。あたしの役目は終わった」と言って、欽一の前から姿を消し、行方知れずになってしまった（同書、一二二〜一二三頁。前掲『「家」の履歴書』一二一〜一二三頁）。

澄子は新潟県長岡市の出身。父親を早くに亡くし、長女だった彼女が一家の家計を支えていた。だが東京に出て踊り子をやっていることを母親にはずっと隠していた。欽一のプロポーズを断ったのも、そのことが公になるのがいやだったからだった（同書、一九四頁）。

二人が再会したのは、欽一が三〇歳を過ぎてから。すでにテレビタレントとして大人気だった「欽ちゃん」のゴシップを芸能マスコミが盛んに書き立てるようになっていた。実際、その頃結婚を考えた別の相手もいたようだ。そんなとき、欽一はふと「姐さん」のことが気になった。そして彼女の友人というひとに会うことができ、居場所がわかった。

六年ぶりに再会した欽一は、なにかお返しをしたいと申し出た。だがお金は受け取らないと澄子は言う。いま一番欲しいものは、と聞かれて彼女が答えたのがなんと子どもだった。そして澄子は二人の子を身ごもる（同書、一七六頁）。

だがここでも一筋縄にはいかなかった。またまた澄子は行方をくらましたのである。そして一年後に「子ども産んだ。一人で育てるから大丈夫。探さないで」とだけ電話をしてきた（同書、一七六頁）。

むろんその言葉をそのまま受け入れるわけにはいかない。意を決した欽一は、はっきりと結婚の承諾も得ないまま記者会見を開く。結婚を既成事実にしてしまおうとしたのである。そして、「引退」も覚悟しての会見だった。いまもそうだろうが、当時の感覚としては「隠し妻」や「隠し子」というワードはスキャンダル以外のなにものでもなかったからである。しかもその話の主は超のつく人気者。生まれた長男に「一童《いちどう》」という、ちょっとわらべ歌を連想させるようなほのぼのとした名前をつけたのも、引退して親子三人で田舎暮らしになるだろうと考えていたからだった（前掲『なんでそーなるの！』一九五〜一九六頁、萩本欽一『ありがとうだよスミちゃん』一〇頁）。

ところが、案に相違して記者たちはやさしかった。発表したときに拍手までしてくれた。記者のひとりは、「欽ちゃん、俺たち奥さんのことも子どものことも知ってたんだよ。でもみんな書かなかっただろ？　一生懸命やってる人をいじめるような記事はだれだって書きたくないんだよ」（同書、一九六頁）。

無事入籍後、一家は東京・世田谷の家で暮らし始めた。その後次男、三男も授かることになるが、ここでも澄子は、子どもや自分に気を遣わないで仕事だけやっていればいいというスタンスだった。やがて澄子と子どもたちは、神奈川県の二宮に移住。欽一はそこに時々帰るという暮らしになった（前掲『「家」の履歴書』一七七頁）。図らずも、かつての団治とトミの関係を思い出させるような生活スタイルになったわけである。

こうして結婚に至る経緯を振り返っても、現実にこんなことがあるのかと思ってしまう。だがひとつ言えるのは、萩本欽一というひとには助けてあげたくなるようななにかがあるということだ。澄子に限らず、窮地に陥るたびに損得抜きで援助してくれるひとがタイミングよく現れる。そのことが、今日の「欽ちゃん」をつくったと言っても過言ではないだろう。おそらくそれこそが、萩本欽一が「運」と呼ぶものなのだろう。

十二歳で劇団を立ち上げる

人との出会い運に恵まれるなかで、萩本欽一というコメディアンの評判も上昇していった。むろん本人の努力もあった。そしてそれが、道が開けるチャンスをつかむことにもつながった。

いいコメディアンになるにはどうすればいいか、といろいろな人たちに尋ねた際、「先輩のまねをしてな」とアドバイスしてくれた先輩コメディアンがいた。そこで萩本は、自分は出ていない芝居の一時間分のセリフをまるごと覚えることにした。朝早く劇場に行って、全員分の役を演じてみたりもしていた（前掲『なんでそーなるの！』一〇五〜一〇六頁）。

そんなある時、主役が休んだ。急な話で誰を代役に立てるか舞台裏は大騒ぎになった。演出家が、「誰かこのなかで、主役のセリフ全部覚えてるやついるか？」と聞く。まだ新人の萩本だったが、思い切って手を挙げてみた。演出家は「ほかにいないのか！」と言って無視しようとしたが、東八郎が「今日一日のことだし、やらせてみればいいんじゃないですか」と助け舟を出してくれた（同書、一〇七頁）。

これをきっかけに運が向いてきた。池信一、東八郎、そしてこれも当時人気コメディアンだった石田瑛二（英二）が組んだ「丁稚トリオ」が当時の劇場の看板。そこに萩本が加入し、「丁稚フォー」になった。そこで芸も磨かれた。萩本曰く、「うまい先輩たちと一緒にやると、だれでも一気にうまくなる」。気づいたら、あれほど苦手だった踊りもできるようになっていた。結局給料も、一年で三倍になった（同書、一〇八〜一〇九頁）。

このとき、萩本欽一は、「土俵際に立ったときに「逃げない」っていうのが大事だな」「土俵際に追いつめられて俵に足がかかったときに歯を食いしばれば、そこからぜったいなにか得られる」という教訓を得る（同書、一〇九頁）。一言で言えば、「やせ我慢」。その大切さを胸に刻んだのである。

そして迎えた東洋劇場に入って三年目の一九六三（昭和三八）年。萩本は「浅草新喜劇」という劇団を立ち上げる。二二歳のときである。その年齢にはこだわりがあった。浅草喜劇の大先輩、喜劇スターとして伝説の存在であるエノケンこと榎本健一が自分の劇団を始めたのが二二歳ということを聞いていたからである。

果たして浅草新喜劇は評判を呼び、評論家やマスコミ関係者からも注目されるようになった。

そのなかに、『キネマ旬報』という雑誌のショウビジネス欄でコラムを連載していた向《むか》井《い》爽也《そうや》という人物がいた。本業はTBSのディレクターで、バラエティや歌番組の演出家。要するに、テレビ業界の人間であった。

向井は新聞の広告を見て、「浅草新喜劇」という劇団の旗揚げ公演があることを知る。普段から連載のためにこまめに情報を集めていたのである。向井はさっそく松竹演芸場に足を運んだ（前掲『喜劇人哀楽帖』一六五頁）。

演目は「こんにちは東京」。集団就職で上京し、町工場に就職した若者たちの話である。一九六〇年代高度経済成長の好況に沸くなかで、人手不足を補うため、中学を卒業してすぐの若者たちが地方から大挙上京して工場や商店などで働くようになった。彼や彼女たちは、「金の卵」と呼ばれてもてはやされた。そうした時代背景のもと生まれた演目であり、実際にそうした若者も当時の観客のなかには少なくなかっただろう。

向井の印象では、初めて見た日の印象はそれほど面白いものではなかった。だが公演を重ね硬さがほぐれるとともに、だんだん面白くなってきた。その後『キネマ旬報』の連載にも公演のたびに取り上げて褒めた（同書、一六五頁）。

特に「父ちゃん家に置いてよ」という演目は、向井のこころに残った。萩本欽一演じる貧乏な独身男性が捨て子を拾って育てる。ところが一〇年後、実の親が訪ねてきて返して欲しいと言う。当時はやむを得ぬ事情があったのだが、いまは大金持ちになっていた。そして結局、独身男性は子どもの将来を思って気持ちとは裏腹に実の親の頼みに従う。

ピンときたひともいるだろう。チャップリンの代表作のひとつである映画『キッド』を思い出させるストーリーである。作者は萩本本人ではないが、期せずして尊敬するチャップリンが演じたのに似た役柄を務めたわけである。

向井によれば、このときのラストの萩本の演技がすごかった。子どもは実の親のところに行くのを泣いて嫌がるが、最後には男性のもとを去っていく。そしてほかの人間もいなくなり、一人残った萩本演じる男性は、子どもの名前を絶叫して呼ぶ。そこで幕が下りると、その演技に感動した観客たちから拍手が湧いたという（同書、一六六頁）。

†テレビ新人時代の一九回NG事件

浅草新喜劇の評判が上がるにつれて、座長の萩本欽一の人気も高まった。浅草六区を歩いていると、「欽ちゃん！」と声がかかることもめっきり増えた。

そこで向井は、当時自分が担当していた歌番組に萩本を新人として起用することを思いつく。そして楽屋を訪ね、出演を打診した。

萩本にとってもテレビは憧れになっていた（前掲『なんでそーなるの！』一二四頁）。一九六〇年代前半、テレビの普及がぐんと加速すると同時に、バラエティにも人気番組が登場していた。

ともに一九六一年に始まった日本テレビ『シャボン玉ホリデー』とＮＨＫ『夢であいましょう』はその双璧である。このうち『夢であいましょう』には、渥美清が出演。渥美は『若い季節』（ＮＨＫ）などにも出演し、お茶の間の人気者になっていた。渥美は萩本と同じ東洋劇場の出身。浅草の舞台からテレビへというコメディアンにとっての出世ルートが整いつつあった。

ただ、そこには然るべき順序というものがあった。浅草からスタートして、次は丸の内の劇場、続いて日劇ミュージックホール、さらに日劇大劇場と大きな舞台へのステップを踏んでいく。その最後の段階でテレビ関係者に見出されるというのが、ひとつのあるべきルートとされていた。浅草からいきなりテレビ出演というのは、当時の感覚としては「田舎の中学から、一足飛びに東京の大学へはいるような感じ」だったのである（前掲『喜劇人哀楽帖』一六七頁）。

しかし、向井爽也は萩本をなんとかして早くスターにしたいと思っていた。少しでも顔を売ろうと、同じTBSのドラマにまでわざわざ売り込んだほどだった（同書、一七一頁）。

そういうわけで、向井の携わる新しい公開コメディが始まったとき、萩本は新人タレントとして当然起用された。しかもスポンサーの仁丹《じんたん》からCMに出てくれるタレントの人選を相談された向井は、一も二もなく萩本を推薦した。

このCMは、生コマーシャルだった。番組自体は生放送ではなく公開収録だが、コマーシャルを本番中に生でおこなうのである。したがって、決められたセリフをきちんと言ったうえで決められた時間内に収めなければならない。

実は、萩本欽一は、テレビの現場の雰囲気に馴染めていたわけではなかった。いやむしろ、テレビは萩本にとって〝魔物〟のようなものだった。

島倉千代子など憧れの大スターが目の前にいることに興奮もしたが、それゆえ逆に自分の居場所が見つからず、いつもおどおどしていた。また、テレビ局では誰彼構わず互いを

「ちゃん」づけで呼ぶ。ところが自分にはずっと「くん」づけ。「テレビってみんな親戚同士とか親しい知り合いでやってるんだ」と思い込んだ萩本は、否応なく疎外感を募らせていた（前掲『なんでそーなるの！』一二六頁）。

そんな萩本にとって、生コマーシャルは、これ以上ないほど緊張する仕事だった。一度セリフを忘れると訳がわからなくなり、立ち往生。観客からも失笑が漏れる。ますます追い詰められた萩本は、結局一九回NGを出した。収録が混乱しただけでなく、スポンサーも怒り、向井はその後左遷されたという（前掲『喜劇人哀楽帖』一七一～一七二頁）。

結局、テレビの仕事は三年続けた。だがこのNG事件が決定打となってテレビにまったく馴染めないまま、萩本欽一は浅草に舞い戻ることになる。

2 コントの常識を変えたコント55号――「フリ」と「コナシ」の関係性

†最初は最悪だった坂上二郎の印象

テレビとの最悪の出会いを経験した萩本欽一だが、後にコント55号を組むことになる坂上二郎とは、すでに出会っている。

一九六二年秋というから、まだ浅草新喜劇を立ち上げる前のこと。東洋劇場にいた萩本がフランス座で芝居をすることになった。すでに萩本は主役級のポジションになっている。そのときフランス座にいたのが坂上二郎だった。

坂上は鹿児島出身で一九三四年生まれ。萩本の七歳年上である。しかも萩本は当時まだ二十歳そこそこの若さで主役扱い。キャリア的にも坂上のほうが長く、フランス座ではリーダー格。当然面白いわけがない。坂上にそこまでの気持ちはなかったかもしれないが、萩本からすればずいぶん厳しいというか、キツく当たってくる先輩だった。

萩本は振り返る。「だって二郎さんすごかったもん。なんとか僕をつぶそうとして。(…)僕がアドリブを飛ばそうとすると、なんかゴチャゴチャ言って邪魔するわけ。もう、目の敵!」(前掲『なんでそーなるの!』一三四頁)。

舞台上は、二人の意地の張り合い。文字通り、お互い体をぶつけ合っていた。だが不思議なもので、それが観客には大いに受けた。体を張った激しい動きは、後のコント55号の真骨頂。萩本も、「コント55号の下地って、もうあそこでできてたのね」と回顧する(同書、一三四頁)。だがそのときは、もちろんそんなことは露ほども思っていなかった。

ただ坂上二郎は坂上二郎で、苦労を重ねていた。

生まれてすぐ家族とともに満州に渡った坂上は、終戦とともに日本に引き揚げてきた。

父親がソ連軍に抑留されていたこともあり、中学卒業後進学せず鹿児島のデパートに就職する。

転機となったのは、一九五二（昭和二七）年、NHKののど自慢に出場し、鹿児島代表に選ばれたことである。それをきっかけに、プロの歌手になった。だがなかなか芽が出ず、生活のため、ボーイの見習いや菓子職人のアルバイトをする日々が続いた（前掲『喜劇人哀楽帖』一七三頁）。

しかし、それでも歌手としては鳴かず飛ばず。そこで坂上二郎は、思い切って漫才師になることを決意する。師匠は内海《うつみ》突破《とっぱ》。兄弟子には人気コンビだった獅子てんや・瀬戸わんやがいる。坂上は安藤ロールという名で、内藤ロックという相方と漫才コンビを組んだ。芸名は、当時ブームだったロックンロールのもじりである（同書、一七三頁）。

ただここでもブレークとはいかなかった。一九六一年にはコンビを解消。そして浅草にたどり着く。ここで萩本欽一と出会ったわけである。

その頃、坂上は、銀座にあった中川プロダクション（三木のり平、八波むと志、藤村有弘など大物コメディアンが所属していた）という芸能事務所に入った。それですぐに道が開けたわけではなかったが、後の人生にとってひとつ大きなことがあった。当時中川プロのマネージャーだった浅井良二との出会いである。

実は、向井爽也が萩本欽一をテレビの世界に引っ張り込んだ際、マネージメントを頼んだのが浅井だった。ところが、萩本は例の生コマーシャルの大失敗があってすっかり意気消沈し、最後は先述のように浅草に帰ることになる（同書、一七六頁）。

この浅井良二こそ、後にコント55号が所属することになる芸能事務所「浅井企画」を立ち上げたその人であった。いま思えば、少しずつコント55号の活躍を支える人たちとの結びつきが生まれ、基盤が整いつつあったのである。

†熱海の日々、そしてコント55号の結成

話を戻すと、浅草に帰った萩本欽一はまだ傷心のなかにいた。実際はともかく、本人としては「テレビから追放された」という思いだった。仕事もせず、浅草六区の界隈をぶらぶら歩くだけの日々が続いた（前掲『欽ちゃんつんのめり』一六八頁）。

そんな折、浅草新喜劇で一緒だった先輩で、その頃熱海のつるやホテルでショーの司会をやっていた小田憲司から声がかかる。ホテルの客の前でのコントの仕事である。コントはひとりでやった。当然酔客も多かったが、それでも客に受けているという実感はなによりも良薬になった。そのなかで萩本は、徐々に自信を回復していった（同書、一六八頁）。

ただ一方で、気持ちの浮き沈みはまだ激しかった。ときには熱海の錦ヶ浦に行き、死の

うと考えたことすらあった。だがコントを演じる毎日のなかで、次から次へとアイデアが湧いてくる。萩本欽一は、ようやく浅草の舞台でもう一度やってみようという気になった。「浅草に戻ろう。浅草に帰って、このネタをやるんだ！」（『アサ芸プラス』二〇一三年九月六日付記事）。

そして心機一転、熱海から浅草に帰ったその日。下宿に帰ってから一時間も経たないうちに電話が鳴る。誰かと思って出てみたところ、フランス座で犬猿の仲だったあの坂上二郎からだった。

坂上もまた、相変わらず苦境のなかにあった。埼玉・西川口のキャバレーの司会で糊口をしのぐ日々。結婚もしていて妻は妊娠中。だがどうしてもコメディアンの道をあきらめられなかった。やるなら誰かとコンビがいい。そう考えたとき、頭に浮かんできたのがなぜか萩本欽一の顔だった。「萩本欽一かぁ。アイツとは舞台でいつもやり合ってた。お互い、口も利かなかったもんなぁ。でも、オレも頑張ってたけど、アイツの頑張りも凄かった。懐かしいなぁ……。照れ臭いけど電話してみるか」。それが、萩本がちょうど熱海から戻った日だったのである（同記事）。

二人は、共通の知人である浅井良二のもとを訪れた。浅井はすでに中川プロを離れ、「浅井企画」を始めていた。二人のコンビで活動することが決まると、萩本は昔浅草新喜劇の公演で世話になった吉田義男という芸能関係の人物に、コンビ名を付けてもらえないかと頼んだ。

そこで出てきたのが、「コント55号」という名前だった。由来は、プロ野球の王貞治が一九六四年に年間五五本のホームランという新記録を達成して大きな話題になっていたこと、当時若者に流行した音楽の「ゴーゴー」、さらに英語のｇｏにかけたなど、いろいろあった。

二人の名前を並べたようなものが多かった当時としては斬新なコンビ名だったため、二人とも最初はしっくりこなかったらしい。だが何はともあれ、コント55号は始動した。一九六六年一〇月のことである。初舞台は浅草松竹演芸場だった。

†コント「机」

結成当初は、欽ちゃんがボケで二郎さんがツッコミだった。当時のコンビの常識として、ボケのほうが主役でツッコミはそれを引き立たせる脇役という感覚もあったのだろう。

「ところが、まるで受けない。頭抱えちゃってどうしよう。逆にしたらどうかってやったら、これがバカ受けなのね」（前掲『欽ちゃんつんのめり』一七〇頁）と萩本は当時を振り返る。

こうして、二郎さんの絶妙のボケに対する欽ちゃんの鋭いツッコミという、あのおなじみのコント55号が誕生した。

二人が結成してすぐ舞台にかけたのが、「机」というコントだった。これは、萩本欽一が熱海時代に一人用のネタとして考えたもの。もし坂上二郎との運命の再会がなければ、浅草でもひとりでやるつもりだったが、コンビ結成によって二人でやるネタにアレンジすることになった。

コント55号の出世作にもなった「机」はこんなコントだ。

欽ちゃんが扮するのは若くして代議士になった政治家。演説会の弁士である。そして二郎さんは、欽ちゃんを命の恩人であり恩師であると言う司会者。二郎さんが欽ちゃんを紹介すると、欽ちゃんは二郎さんが見ているのとは逆側から全速力で走り出してきて押し倒し、さらには紹介をやり直させると今度は飛び蹴りを食らわせる。

本当は欽ちゃんがあまのじゃくなだけなのだが、ちゃんと紹介しない二郎さんに欽ちゃんは「私の恩を忘れている」とクレームをつけ始める。そして人差し指を突き上げて「忘れもしない一三年前！」と二郎さんを助けてやった昔のことを言い出すと、「それを言わないでください」と二郎さんは反省してうなだれる。当時を思い出し、涙ぐむ二郎さん。だがあまりにしつこいので二郎さんも「同じことばかり言って」とそのうち小声でブツブツ。それを聞きとがめた欽ちゃんが「忘れもしない～」と言って再び人差し指を突き上げると「ストライ〜ク〜」と茶化す。

ようやく欽ちゃんが演説を始める。ところが、演台の机がガタガタする。「坂上君」と呼ばれた二郎さんは、四本ある机の脚の一本をのこぎりで根元から切り取ってしまう。こけそうになる欽ちゃん。同じ側のもう一本も切られ、ますます不安定になった机。派手にこける欽ちゃん。すると二郎さんは「もう仕方ない」と言って四本の脚を全部切り取り、さらに「これじゃあぶないから」と長い帯を欽ちゃんの首にかけ、机の両端と結ぶ。そして自分はやかんを持ち出してきて「お茶〜」と売り子に変身。それにつられて欽ちゃんも演説をやめて「弁当〜」と声を出し始める。「なんで俺、弁当売ってんだよ」。

この間、観客席からは、そのスピーディな展開と舞台を縦横に使ったアクション。そして意外なオチに笑いだけでなく、拍手や悲鳴が沸き起こる。ツッコミに対する二郎さんの受け、そこからのしたたかな反撃も素晴らしいが、やはり当時の観客から見れば、欽ちゃんの身軽さ、アクションの豪快さは新鮮だっただろう。舞台の袖から疾風のように飛び出してきて二郎さんに浴びせる飛び蹴りのジャンプ力と迫力は、文字通り「枠からはみ出す」ようなインパクトがあった。

この飛び蹴りに関しては、萩本はこんなことを語っている。「じっとしてたんじゃ漫才コンビと変わらないから、とにかく動いて漫才とは違うところを見せようと思って。漫才は言葉で笑わせるけど、コントは動きが大事ですから。ネタを考えるときも、二郎さんをどう動かすか、そこから考えてました」（小林信彦／萩本欽一『ふたりの笑タイム』四七頁）。

言葉の笑いではなく、動きの笑い。それが舞台という場での経験から萩本欽一が得たひとつの大原則である。むろんそれを売りにするという戦略的な部分もあっただろうが、無声映画のチャップリンから始まった萩本にとって、笑いの本質は動きに始まり動きに終わるというところがあった。

†コント55号の大ブレーク──常田久仁子との出会い

コント55号は、瞬く間に評判になった。この「机」ひとつとっても、それまでにないなにかを感じさせた。だがすぐにテレビに出ることはしなかった。いうまでもなく、萩本欽一にとって、テレビはあのNG一九回のトラウマを自分に植えつけた〝魔物〟にほかならなかったからである。

そこで今回は、浅草から始めて、銀座にある日劇ミュージックホール、そして最後は日劇大劇場という当時の浅草コメディアンの出世コースをきちんとたどることにした（実際には、急速に人気が出て日劇大劇場に一足飛びに出演したのだが、その後わざわざ日劇ミュージックホールに出演し直している。こんなところも萩本欽一らしい）。

そしていよいよ、今度はコント55号の一員として、萩本欽一は再びテレビの世界に足を踏み入れることになる。そこには、興行街としての浅草の衰退という事情もあった。それをもたらしたのは、ますます勢いを増し、国民的娯楽となりつつあったテレビの隆盛だった。家に居ながらにして見られるテレビが、寄席や劇場に代わって娯楽の中心になりつつあったのである。

だがテレビという新興メディアの勢い、その源にある新しい娯楽を生もうとする旺盛なエネルギーが、萩本欽一、ひいてはコント55号にとって今度は追い風になった。コント55号の常識破りなスタイルは、新しい笑いを求めるテレビのニーズにぴったりはまったのである。だから、生コマーシャルのときのように、決められたセリフをその通りに言う必要はなかった。テレビ業界の慣習に無理に染まろうとしなくてもよく、むしろ自由にやることを歓迎された。

まず、一九六七年三月『大正テレビ寄席』(NET〔現・テレビ朝日〕)に出演。寄席の形式をとった演芸番組だが、コント55号は一躍注目を集める存在となった。ここでも、あまりに激しく動き回る二人の声が拾いきれないため、マイクを舞台の上手と下手の両方に立てるという前代未聞の措置(従来はセンターに一本のみ)がとられた(山下武『大正テレビ寄席の芸人たち』一〇七頁)。

ただこのときはまだ、数ある出演者のうちの一組という立場にすぎない。全国的な人気者への道を歩み始めたのは、平日昼の一二時台に放送されたフジテレビ『お昼のゴールデンショー』のレギュラーに抜擢されたあたりからである。この番組は後の『笑っていいとも!』につながっていくような昼の帯バラエティ番組で、司会は人気タレントの前田武彦。コント55号は持ちネタのコントを披露し、「机」のなかの「忘れもしない一三年前!」が流行語になったりもした。

するといきなり大きなチャンスが巡ってきた。『お昼のゴールデンショー』のスタッフでもあった常田《ときた》久仁子《くにこ》から、ゴールデンタイムの番組のメインをやらないかというオファーが舞い込んだのである。

常田は、ラジオの文化放送から開局とともにフジテレビに移籍。ずっと社会教養部門に所属し、ドキュメンタリー番組を制作していた。一九六七年に芸能制作部門に移り、ディレクターとして携ったのが『お昼のゴールデンショー』だった。そこでコント55号のコントを見た常田は、「スタッフのくせに笑いころげていた」(前掲『欽ちゃんつんのめり』一八二頁)。

そしてプロデューサーとなった常田はコント55号をゴールデンタイムに抜擢。それが『コント55号の世界は笑う』だった。公開収録で、ゲストもいるショー形式の番組だったが、中心はあくまでコント55号。コントをじっくり見せるスタイルが人気を博し、視聴率も三〇%を超えた。コント55号は、一躍時代の寵児《ちょうじ》となった。

常田の演出法も、当時としては変わっていた。一言でいうと、「勝手にやってちょうだい」。常田自身が芸能にそれほど詳しくないということもあったが、ドキュメンタリー畑を歩いてきた常田にとって、バラエティとはいえコメディアンに細かく指示を出すこと自体に疑問があった。常田は言う。「ここからここまで歩いてくださいと、注文をつけるのもはばかるんですね。彼らにとって最高の演出は、場を与えること。それだけですよ」（同書、一八三ページ）。

それは、萩本欽一にとって、これ以上ないくらいにありがたく歓迎すべきものだった。あのNG一九回という出来事は、指示通りに台本のセリフが言えなかったことがすべての発端であり、そのことがテレビへの拭い去れない恐怖感になっていた。ところがいま目の前に現れた常田久仁子は、好き勝手にやっていいと言ってくれたのである。まさに救いの神であった。この出会いによって、萩本欽一、そしてコント55号は、水を得た魚のように躍動した。

†枠からはみ出した欽ちゃん——コント55号はどこが革新的だったのか

ここで少し、萩本欽一の笑いのスタイルについて掘り下げておきたい。コント55号のコントは、いったいどこが革新的だったのか。

コント55号での欽ちゃんと二郎さんの関係性は、よくある漫才のボケとツッコミとは似ているようで違う。

先ほど紹介した「机」にもその違いはすでにみえる。

ボケとツッコミという従来の図式にあてはめれば、二郎さんがボケで欽ちゃんがツッコミだ。ただ、普通はボケのほうが常識外れのことを言ったりエキセントリックな振る舞いをしたりする側で、ツッコミのほうがそれをたしなめ、軌道修正する常識人というのが相場だろう。

しかし、コント55号の場合はむしろ逆だ。飛び蹴りが象徴するように、欽ちゃんのツッコミのほうがエスカレートしていって、常識的どころかむしろどんどん過激になる。そして二郎さんの対応が気に入らず、何度も同じことをしつこく繰り返しさせようとする。

二郎さんは、そんな欽ちゃんに振り回され翻弄される。その姿には、普通のボケにはない哀愁さえ漂う。だが二郎さんのボケの真骨頂はそこから。絶妙のタイミングで欽ちゃんに対して反撃したり、切羽詰まったところで出たりする苦し紛れのボケが抜群に面白い。「机」ではないが、流行語になった「飛びます　飛びます」というフレーズも、「飛行機」というコントのなかで、パイロット役の二郎さんが欽ちゃんに追い詰められた挙句に偶然飛び出したものだった。

このように、コント55号はコントが演じられる際の関係性そのものを革新した。そんな従来の笑いの常識を覆すという意味でも、コント55号は「枠からはみ出て」いた。

萩本欽一自身は、そんなコント55号ならではの笑いを「ボケとツッコミ」ではなく、「フリとコナシ」という言葉を使って説明している。萩本は言う。「僕は、この「ツッコミ」と「ボケ」のことを、「フリ屋」と「コナシ屋」というふうに言い換えて使っています」（萩本欽一『「笑」ほど素敵な商売はない』一一八頁）。

「フリ」とは、「ネタを振る」こと、つまり相手（この場合は二郎さん）に向かって次に何をするのか提案すること。たとえば、寿司屋のコントなら、「なにを握りましょう」などと促すことである。すると客を演じる「コナシ」の側は、それを受けてとぼけたことを言う。散々寿司ネタについて聞いた後に、「いや、いまは食べられない」「なんで?」「道を尋ねに店に入っただけだから」などとオチをつけるわけである（同書、一〇七～一〇八頁）。

萩本は、「良いフリ」の条件として、「曖昧で、キレが良い」ことを挙げる。矛盾したような表現だが、ここで言われているのは、言葉としては短くキレが良いが、意味としては曖昧にとれるものということである。そうすることによって、「コナシ屋」はうろたえ、まごつく。そして「フリ屋」のほうは、その様子を見ながら、瞬時のアドリブでポンポンとツッコんでいく（同書、一二一〜一二二頁）。

この〝アドリブ〟というところが大きなポイントだ。台本でセリフがきっちり定まっているのではなく、共演者や観客の反応によって、臨機応変に「フリ」を選択していく。元をたどれば、萩本欽一が修業をした浅草におけるコントの流儀がそうだった。浅草では、警官と泥棒というような大まかな設定、そして最後の大まかなオチくらいだけを決め、後はすべてアドリブで進んでいく。互いの興が乗ってくれば、アドリブ合戦が延々と続く。「フリ」と「コナシ」という構図は、それを土台にしたものだった。

その際、「コナシ」の側は、ごく常識的で善良な人間であったほうがよい。「フリ屋」の曖昧な指示をそのまま曖昧に受け取ってしまうお人好しな人物であったほうが、繰り返される「フリ」に翻弄され普通ではなくなっていく可笑しさを表現できる。二郎さんは、パッと見た感じ真面目で温厚そうな雰囲気が出ている点、そしてなによりも追い込まれてからの「コナシ」の抜群の上手さという点で適任だったのである（同書、一二四頁）。

3 「お笑いの地位を上げたい」――職業としてのコメディアン

†〝欽ちゃん人気〟の新しさ――お笑いの地位向上の原点に

萩本欽一は、当時まだ二〇代。二郎さんの「チッコイ目」（小さい目）に対し、「タレ目」がトレードマークで、女子高校生など若い女性からは「可愛い」と騒がれた。まさにアイドル。結婚記者会見をするにあたり「引退」まで覚悟したのは、アイドルの結婚は大きなダメージになるとまだまだ考えられていたからでもある。

一方お笑いの歴史という観点では、〝欽ちゃん人気〟には目新しい面があった。それは、ボケではなくツッコミの側が人気者になったことである。

それまでお笑いの世界では、人気者になるのはボケ役というパターンが多かった。一般的な漫才ではボケ役のほうが目立つし、可愛げもある。本当はツッコミあってのボケなわけだが、「面白い」と思われるのは、おかしなことやちょっと抜けたことを言ったりやったりするボケの側である。その点、萩本欽一のようなツッコミの側、言い換えれば全体を仕切る側が人気者になるのは珍しかった。

少し話を先取りすることになるが、このことが、一九七〇年代以降の萩本の司会者としての成功、『欽ちゃんのドンとやってみよう！』などの冠番組の成功、さらにはわらべやイモ欽トリオなどアイドルプロデューサーとしての先駆的な仕事につながっていった。要するに、笑いが笑いの世界だけに限定されず、エンターテインメントの世界全般を動かすようなものになっていく時代の起点に「欽ちゃん」がいたということになる。

お笑いのこうした地位の向上は、一九八〇年代初頭の漫才ブーム、さらにタモリ、ビートたけし、明石家さんまの「お笑いビッグ3」の登場などによって一気に加速した。いまやお笑い芸人は、若者たちから尊敬される存在だ。だがそのような時代の流れは、萩本欽一によって生み出された。「欽ちゃん」こそが、コメディアンとは単なる賑やかし的存在ではなく、場を仕切り、ひいては作り出す存在であることを世に知らしめたのである。

†先輩・東八郎の教え

コメディアンの地位の向上は、コント55号として人気が出る以前から萩本の念頭にあったことだった。ここまで何度か名前が出た先輩・東八郎への尊敬も、そうした点にかかわっていた。ちなみに萩本欽一の代名詞にもなった「欽ちゃん走り」（両手を振り子のようにしながら顔をこちらに向け、横に移動する走りかた）も、東八郎の走りかたを真似たものだった

（前掲『なんでそーなるの！』一一三頁）。

萩本欽一は、浅草修業時代、この東八郎から食事の面倒だけでなく、芸の面でもいろいろと教えを受けた。萩本の最大の武器となったツッコミのお手本になったのも東である。たとえば、一緒に舞台に出ていると、東は自分からは見えるはずのない後ろにボーっと立っている人間にも絶妙のタイミングでツッコミを入れる。萩本は、「わっ、ツッコミってうしろにも目がなきゃできないんだ」と驚いた（同書、一一二頁）。

そしてまた、東はコメディアンのあるべき姿という点でもお手本だった。萩本欽一にとって、東八郎は面倒見のよい先輩や芸の手本になる先輩というだけでなく、考えかたにおいても似た部分を感じられる先輩であり、「コメディアンの地位をもっとあげたい」という思いも共通していた（同書、一一九頁）。

たとえば、暴力をなくすことは、そのための大前提としてあった。当時、浅草の劇場では殴る蹴るの暴力が横行していた。若手が勝手にアドリブを飛ばすと、舞台の袖に戻ったとたん先輩から殴られる。そういったことが日常茶飯事だった。

東八郎は、自分がトップになると、一切そういうことをさせなかった。「あんなことはもう終わりにしたい」と言って、暴力が当たり前の環境を変えたのである（同書、一一〇頁）。

もちろん上下関係のすべてが悪というわけではない。時には厳しく指導する必要がある場合もあるだろう。だが、閉鎖的で逃げ場のない上下関係は大きな弊害を生む。その端的な表れが、当時コメディアンの世界で常習化していた暴力行為だった。それを東八郎は嫌い、その思いを萩本欽一も共有していたのである。後に萩本には「いい人」のイメージが抱かれるようになるが、その原点はここにあった。

要するに、東八郎は萩本欽一にとってコメディアンの土台を一からつくってくれた人物だった。そこにもまた、萩本が持つ出会い運が発揮されていた。

†日本テレビ・井原高忠とのあいだに生まれた信頼関係

そして浅草から出た萩本欽一は、コント55号として大ブレーク。国民的な人気者になった。だがそれだけで、お笑いの地位が上がるわけではない。コント55号以前にも、ブームを巻き起こした芸人やコメディアンはたくさんいた。だがそのほとんどは、ブームも終わり一定の時期が過ぎると、やがて消えていく。いわば消費されてしまう。

大衆というものは気まぐれだ。だから致し方ないという側面もある。だが、消費されてしまわないようにすることはできないのか。そのためにはまず、テレビ番組の制作スタッフに自分たちの価値を唯一無二であると認めてもらうことだろう。

実際、コント55号の新しさ、その価値を認めてくれるスタッフもいた。日本テレビにいた井原高忠《いはらたかただ》はそのひとりである。

井原は、草笛光子がメインを務めた『光子の窓』(一九五八年放送開始)の演出を務め、日本のバラエティ番組の生みの親的存在として知られる。その後も新企画を次々と打ち出し、話題の番組や人気番組を数多く世に送り出した人物である。

そのなかのひとつが、一九六九年に始まった『巨泉・前武ゲバゲバ90分!』。いまも語り継がれる伝説的なバラエティ番組である。司会は当時多くのレギュラー番組を持つ人気タレントだった大橋巨泉と前田武彦。

この番組では、一分にも満たないショートコント(ギャグ)が矢継ぎ早に繰り出される。九〇分のあいだにギャグが一〇〇本というから凄まじい(齋藤太朗『ディレクターにズームイン!!』一八七頁)。出演者のなかには、コメディアンや芸人といった笑いのプロだけでなく、朝丘雪路《あさおかゆきじ》のような歌手や宍戸錠《ししどじょう》や吉田日出子のような俳優もいた。まだ寄席形式のお笑い番組が主流だった頃に、ナンセンスなギャグをふんだんに盛り込んだ構成は斬新で、大きな話題を呼んだ。

この『ゲバゲバ90分!』にも、コント55号は出演している。ただ、井原と萩本のあいだにはその前にちょっとした因縁があった。

『九ちゃん！』という番組があった。歌手の坂本九がメインで、井原高忠が演出のバラエティ。ある回で、コント55号がゲスト出演した。彼らは普段の自分たちの流儀に従い、台本を無視してアドリブを連発した。ところがきっちりと台本を準備することをモットーにしていた井原は、それを見て「ふざけんじゃない！」と激怒した（前掲『ふたりの笑タイム』二〇頁）。

だが井原もさるもの。実は、自由にアドリブを入れたほうがコント55号の本領が発揮されることにちゃんと気づいていた。だから『ゲバゲバ90分！』にコント55号が出演した際には、出演者のなかでほとんど唯一アドリブを許してくれた（同書、二七頁）。

テレビに出始めたときのNG一九回がトラウマになっていた萩本欽一は、テレビ局の人間に対していつ怒られるのか戦々恐々としていた。だが井原は、一度は怒ったにせよ、その後何事もなかったかのように新しい番組への出演依頼をしてくれた。そのうえ、コント55号のやりかたを認めてくれたのである。萩本は逆に嬉しくなった。こうして井原とのあいだに生まれた信頼関係は、後に第一回『24時間テレビ』の初代総合司会の仕事につながっていくことになる。その話には次章でふれよう。

†「低俗番組」批判のなかでの苦悩

ただ、演出サイドとの関係は、いつも良好というわけではなかった。特にコメディアンの地位という意味では難しい状況に立たされる仕事もあった。

『コント55号の裏番組をぶっとばせ！』はやはり日本テレビの番組で、一九六九年にスタートした。「裏番組」とは、NHKの大河ドラマのこと。当時の大河ドラマは、間違いなく高視聴率をとれるコンテンツとして圧倒的な強さを誇っていた。そこにタイトル通り、この番組は真っ向から勝負を挑んだ。

番組の目玉となったのが、野球拳だった。男性と女性がジャンケンをして、負けたほうが着ている服を一枚ずつ脱いでいく。お座敷遊びのひとつとしておなじみだが、ここでは二郎さんと女性ゲストが対戦し、欽ちゃんが行司役だった。始まってみるとこのコーナーが爆発的人気に。視聴率も最高時には三〇％を超えるなど、本当に大河ドラマを上回るようになった。思わぬ大成功である。

だがいうまでもなく、野球拳はストレートな下ネタである。日曜夜八時と言えば、子どもたちも見ている時間。実際、子どもたちが真似をするようになったと、親からはテレビ局に抗議が殺到した。マスコミもこの騒ぎを大きく取り上げるようになり、『裏番組をぶっとばせ！』はまたたく間に「低俗番組」としてやり玉にあがるようになった。

企画・演出を担当したのは、日本テレビの細野邦彦。細野にとって、そのような批判が起こることは百も承知のうえ、織り込み済みだった。それまでにも自分のつくった番組で同様の批判を受けてきた細野は、「娯楽には多少の不良性がつきまとう」という信念を持っていた。いわば〝確信犯〟である。昭和四〇年代後半は、世帯視聴率がCM料金の指標として重視され、視聴率至上主義が強まったという時代背景もあった（読売新聞芸能部編『テレビ番組の40年』三八四頁）。

とはいえ、出演者にとってはまた話は別である。「低俗」との批判の矢面に立たされるのは、誰よりもまず番組のメインであるコント55号だった。

萩本欽一は、一方で細野邦彦の強烈な個性、その手腕に感嘆の念を抱いてもいたが、やはり「下ネタ」で安易に視聴率を稼ぐことには不満があった。それを見た坂上二郎が、せめてもと野球拳をする役割を引き受けてくれていた。萩本としては、コント55号のコントを中心にした番組を望んでいたのだが、そうならなかった。

たとえ人気番組になったとしても、これではコメディアンは、演出の意のままに操られるコマにすぎない。ましてやコメディアンの地位の向上を目指そうにも目指しようがない。こうして萩本欽一は人気者になるという夢をかなえる一方で、思わぬ苦境に立たされることになった。

†コント55号人気の陰り、アメリカ行きの構想

萩本は、当時をこう振り返る。『裏番組をぶっとばせ！』が終わった段階で、「それまでの僕たちの蓄積はゼロになったみたい。感じとして、見渡したら、カラッポなのね」（前掲『欽ちゃんつんのめり』一九五頁）。

そのなかで、ピーク時には一三本ものレギュラー番組を掛け持ちしていたコント55号にも転機が訪れる。『コント55号の世界は笑う』は裏番組のドリフターズ『8時だョ！全員集合』の躍進によって追い込まれ、一九七〇年三月で終了。すかさずメディアはコント55号人気の陰りを書き立てるようになった。

実際、萩本はコントのウケかたなどに不安を感じ始めてもいた。

浅草で出会った頃の萩本欽一と坂上二郎は舞台上で激しくやり合うような間柄であり、コント55号のコントはある意味その関係性をベースにしていた。欽ちゃんが二郎さんを徹底的に追い詰め、それに困った二郎さんが途方にくれながらも反撃する。そのバチバチ火花を散らすような感じが新しく、絶大な人気を呼んだ。

萩本は言う。「でも、実際に付き合ってみると、二郎さんはいい人なのね。気心がわかってしまうと、困り果てた二郎さんを痛めつけることができなくなっちゃった」（同書、一

九六頁)。

一九七三年には二人のコントをたっぷり見せる『コント55号のなんでそうなるの?』が日本テレビで新たに始まるなど、解散することはなかったが、このあたりからコント55号はそれぞれの道を模索し始めた。坂上二郎は、役者の道へ。映画の主演を務め、一九七四年には『夜明けの刑事』という刑事ドラマで主演を務めるなど、着実に実績を重ねた。また元々歌手だった美声を生かして、歌の世界へも進出した。

一方の萩本欽一はどうだったか。失敗があると、そのショックをまともに引き受けてしまう性分の萩本は、ここでもいろいろと思い悩んだようだ。そして「コメディアンの地位を上げたい」という思いは変わらない。だからコメディアンであり続けることにこだわった。

その表れが、アメリカ行きの構想だった。

萩本には、目標とするコメディアンが二人いた。エノケンこと榎本健一とチャップリンである。前に書いたように、浅草新喜劇という自分の劇団を二二歳で設立したのは、エノケンが同じ二二歳で劇団をつくっていたからだった。

そして全国的な人気者になったいま、「つぎの夢はアメリカを舞台にしよう」と萩本欽一は考えた。いうまでもなく、「チャップリンの道を行くぞ」というわけである(前掲『なんでそーなるの！』一五五頁）。その間、『拝啓チャップリン様　コント55号只今参上！』という特番で、当時スイスにあったチャップリンの自宅をアポなしで訪ね、紆余曲折の末に無事感激の対面を果たしてもいた。

要するに、萩本欽一は本気だった。実際、ひそかに英会話の先生についてずっと英語の勉強もしていた。

†新たな挑戦へ

とはいえ、いざとなるとどこからどう始めてよいかわからない。そこで、アメリカのショービジネスやテレビ事情にも詳しい井原高忠に相談した。すると「呼ばれてないのにアメリカへ行ったらとんでもなく苦労すると思う」と言われ、「まず日本のテレビで番組を作ったら？」とアドバイスされた（同書、一五六頁）。

しかし「苦労する」と言われた程度では、まだアメリカ行きの決意は揺らがなかった。それまでも失敗と挫折の連続だった萩本欽一からすれば、苦労はし慣れている。

ところが、その決意を翻させる出来事があった。弟子の車だん吉にアメリカ行きの夢を話していたときのこと。車はこう言った。「でも残念ですよね。コント55号という名前はこれからも歴史に残るだろうけど、このままアメリカに行っちゃうと、萩本欽一という名前は日本のお笑い界には残らないでしょうね」（同書、一五六頁）。

言われてみれば、そうである。車の言葉に腹も立ったが、確かに萩本欽一個人として名前を残したわけではない。それならば、と萩本は心に誓った。井原にも言われたように、自分の番組をつくって人気にしよう。それが、新たな挑戦になった。

その番組には当然、『コント55号の世界は笑う』のように自分の名前を入れる。実は当時、「日本にはまだコメディアン個人の名前がついた番組はなかった」（同書、一五七頁）。いまのテレビは、いわゆるそうした冠番組にあふれているが、逆に言えば、萩本欽一はそのパイオニアになろうとしたわけである。

もちろん、冠番組をつくるだけではダメで、歴史に名前を残すには番組をヒットさせなければならない。ではどのようなコンセプトでどのような内容にするべきか。

そのヒントは、意外なことにお笑い以外のところにあった。萩本は、その頃ひとりでテレビ番組の司会の仕事をするようになっていた。そこで起こったある出来事が、自分がこれからつくるバラエティ番組の大きなヒントになったのである。いったいなにがあったのか。次章で詳しくみていくことにしよう。

第三章

「欽ちゃん」の革命

――「視聴率一〇〇％男」という生きかた

1 テレビ司会者・萩本欽一の軌跡

†最初は断った司会の仕事

次第にコント55号の人気に陰りが見え始めると、二人はそれぞれひとりでの仕事を模索するようになった。坂上二郎は、俳優業に力を入れ始めた。コントで培った演技力を生かす道である。

だが萩本欽一はと言うと、俳優の仕事には食指が動かなかった。コメディアンの仕事へのこだわりが強かったのである。とはいえたったひとりでなにをすればよいのか。むろんひとりで笑いの仕事ができないわけではない。ひとりでやるピン芸人として成功した先達もたくさんいる。

しかし萩本の場合は、すんなりピンで、とはいかなかった。いろいろと理由はあるだろうが、やはり最大の持ち味が「フリ」、つまり二郎さんのようなボケ役を意のままに動かすときに真髄を発揮する芸風、相手がいたほうが輝く芸風だったことが大きいだろう。

そうしたなか、オファーがあった。テレビ番組の司会の仕事だった。なるほどこれなら自分ひとりでなにかをやるのではなく、他人と二手に接することが求められる仕事だ。萩本欽一に向いているように思える。

けれども、最初萩本は司会のオファーを断った。なぜか。

現在のテレビでは、お笑い芸人の出世のゴールは大きな番組の司会、MCをするポジションになることにある。

最初はいわゆるひな壇に並ぶその他大勢から始め、実力を認められてレギュラー番組を増やし、やがて他の出演者を仕切るMCになる。実際、タモリ、ビートたけし、明石家さんまなど現在頂点に立つ芸人は、多くの冠番組を持ちMCを務めてきた。必然的に若手芸人も、そこを目指すようになる。

しかし一九七〇年代においては、まだそのような考えはなかった。むしろ逆だった。司会とは番組の進行役であり、それは人を笑わせることを職業とするコメディアンがやる仕事ではない。「司会やれなんて、お前はコメディアンとしての価値がないって言いに来たようなもの」（高田文夫対談集『笑うふたり』一一九頁）。萩本はそう受け止め、自分が司会をやることを拒んだのである（前掲『欽ちゃんつんのめり』一九六頁）。

†初司会の『スター誕生！』で生まれた「ばんざーい、なしよ」

ところが、嫌々ながら初めて司会を引き受けた番組がテレビ史に大きく名を残す番組になるのだから、運命というのはわからない。

その番組とは、一九七一年に始まった日本テレビのオーディション番組『スター誕生！』である。

森昌子、桜田淳子、山口百恵の「花の中3トリオ」、岩崎宏美、そしてピンク・レディーなどを輩出したこの番組は、芸能界に「アイドルの時代」をもたらしたことで知られる。番組では、これら後の人気アイドル歌手がまったくの素人として予選に挑み、最終的に合格してデビューするまでの様子を逐一放送した。いまでこそ同様の番組はたくさんあるが、当時はここまで見せてくれるのは画期的なこと。若者を中心に絶大な人気を得た。

萩本欽一にとっては、司会ではあるが単なる進行役を求められるわけではないところも好都合だった。オーディションに参加する受験者の多くはまだ一〇代。当然ながら緊張の極にある。そんな若い受験者たちに萩本は終始やさしく寄り添った。

ソフトな口調はそのひとつ。年若い相手にも丁寧な言葉遣いで、「○○なのよね？」などと語りかけた。それは、後の一連の欽ちゃん番組でも受け継がれた。「男らしさ」がまだ尊ばれる時代のなかで「ネエ二言葉」などとからかい気味に呼ばれることもあったが、萩本はそのやさしさを崩さなかった。これは元々、コント55号を見出したフジテレビ・常田久仁子の助言によるものだった（萩本欽一『ダメなときほど「言葉」を磨こう』二〇～二一頁）。

それだけにとどまらない。萩本欽一は、コメディアンらしいやりかたで番組にアクセントを加えることも忘れなかった。

オーディション合格者が出る。すると萩本が音頭をとって会場の観客とともに「ばんざーい！」とやって締めるのが恒例だった。これはこれでくだけた感じだ。だが真骨頂は、合格者がひとりも出なかったときだった。

普通、そのようなときは万歳などできない。だが萩本は「ばんざーい！」とやった。ただそこでは終わらない。どうするかと言うと、「ばんざーい！」とやって、そこに「なしよ」と小声で可愛らしく付け加えるのである。両手を万歳の要領で勢いよく振り上げ、そこから申し訳なさそうに小さく手を折り曲げるというポーズ付きだった。

この「ばんざーい、なしよ」は、残念さを表しながらも、落ち込んだままで終わりにしない激励の意味合いを感じさせる。そんな絶妙のパフォーマンスとして、こちらもすっかり番組恒例になった。幼少期からコメディアンの駆け出し時代まで苦難と失敗続きだった萩本らしい思いやりである。

†「素人の瞬発力的な笑いにはかなわない」

この『スター誕生！』の成功もあり、TBS『日本一のおかあさん』（一九七二年放送開始）、日本テレビ『シャボン玉ボンボン』（一九七三年放送）など、萩本欽一には司会の依頼が相次ぐようになった。

なかでも人気を博し長寿番組になったのが、フジテレビ『オールスター家族対抗歌合戦』である。一九七二年にスタート。その名の通り、芸能人やスポーツ選手など有名人が自分の家族を引き連れて登場し、歌合戦を繰り広げるというもの。

ただ歌合戦といっても真剣勝負というよりは、有名人が家族との出演で照れくさそうな表情を見せたり、興奮した家族がいきなり欽ちゃんに握手を求めたりするなど、思いがけない場面が生まれるのを楽しむのが基本。優勝すれば賞品もあったが、「ユーモア賞」「ハッスル賞」「アットホーム賞」という名目で、出場した全家族が結局なんらかの賞をもらっていた。芸能人がいざ歌ってみるととてつもない音痴だったりして、それを面白がられて度々出演するという流れもあった。

まさに、萩本の臨機応変なツッコミのためにあるような番組だったことがわかるだろう。芸能人の家族と言っても素人。テレビに慣れているわけではない。だから本人は大真面目でも、スタジオの雰囲気に舞い上がって変な行動をとってしまったりする。そこをすかさず萩本が「あぁお父さん、そっち行っちゃダメ！」などとツッコむ。

似たシチュエーションは、『スター誕生！』にもあった。

オーディションの合間に息抜き的におこなわれる「欽ちゃんコーナー」がそれ。番組収録会場に来ている観客にステージまで上がってきてもらい、萩本が仕切り役となってゲームをして遊ぶ。たとえば、「あっち向いてホイ」（このコーナーでは「こっち向いてホイ」と呼ばれていた）。ジャンケンで勝った側が指さした方向に顔がつられたら負けというおなじみのゲームだが、元々関西発祥のこの遊びが全国的に広まったのはこの「欽ちゃんコーナー」からだった（『週刊プレイボーイ』二〇二〇年三月二日号）。

実はこのコーナーは、萩本欽一がまだ始まったばかりの番組を盛り上げようとその場の思いつきで始めたものだった。

ところが番組の企画者で審査員でもあった作詞家の阿久悠は、本格的な歌手オーディション番組にしようと意気込んでいたところに萩本が勝手に無関係なコーナーを始め、しかもそれが人気になったことに腹を立てた。後に和解したものの、一時は「欽ちゃんコーナー」になると他の審査員を引き連れて楽屋へ戻ってしまっていたほどだった（『ＮＥＷＳポストセブン』二〇二一年一〇月二三日付記事）。

とはいえ、いま振り返ると「欽ちゃんコーナー」と歌手のオーディションには素人の発掘という点で通じ合うものがある。

実際、このコーナーで萩本に見出され、タレントデビューする素人もいた。コーナーの初代チャンピオンとなった「クロベエ」こと黒部幸英、そして後に『欽ドン！』にも出演し、イモ欽トリオのメンバーになった西山浩司などがそうである。素人と共演しながらその才能を引き出すプロデューサー的な仕事をこの頃から始めていたわけである。

そもそも萩本が素人のパワーに気づかされたのも、司会をしている番組中の出来事がきっかけだった。

『オールスター家族対抗歌合戦』のある回でのこと。山形から来たおじいさんが出演した。地元では町内会の会長。だからマイクを持つなり、身についた習慣からか「本日は家族をお招きいただきましてありがとうございます」と挨拶を始めた。そして続けて出てきた言葉が、「こうしてNHKに出られて、わたくし、生涯の幸せです」。テレビはNHKしかないと思っていたのである。この番組はフジテレビ。周囲は慌てたもののおじいさんの挨拶は止まらず、NHKを連呼し続けた（前掲『笑うふたり』一二二〜一二三頁）。

このとき、その場にいた萩本欽一は、自分が同じセリフを言っても誰も笑わないだろうと思った。「僕よりもおじいちゃんのほうがテレビのなかの笑いという意味では上」「極端な話、テレビには芸は要らない。芸はテレビで披露してはいけない」。テレビでは「素人の瞬発力的な笑いにはかなわない」（同書、一二三〜一二四頁）。そう悟ったのである。

†『24時間テレビ』の画期的成功

この発見は、自らバラエティ番組を企画するうえで大切なヒントになった。素人を笑いの主役にする。その第一弾『欽ちゃんのドンとやってみよう！』が高視聴率を獲得。続けて『欽ちゃんのどこまでやるの！』もヒットし、萩本欽一は国民的人気者への道を歩み始める（このあたりは後で詳しく述べる）。

そこに目をつけたのが、あの日本テレビの井原高忠である。当時井原は制作局長の要職にあり、日本初の大型チャリティ生番組の企画を進めていた。そう、いまも続く『24時間テレビ「愛は地球を救う」』である。初回は一九七八年夏のことだった。

井原は全国にある日本テレビの系列局と調整をすませ、次にキャスティングに取りかかった。そしていの一番に声をかけたのが萩本欽一だった。

「これをやれるのは萩本欽一しかない」と井原は考えていた。「あれぐらい日本中にいい人だと思われてる人もいない。しかも子どもからお年寄りにいたるまで、もれなく欽ちゃんのファンですからね。とにかくあの人しかいない」（井原高忠『元祖テレビ屋大奮戦！』二二九頁）。

萩本は、当初難色を示した。というのも、すでにラジオのほうで同様のチャリティ番組に出演していたからである。

ニッポン放送の『ラジオ・チャリティー・ミュージックソン』。毎年一二月二四日、クリスマスイブの正午から翌日にかけて二四時間生放送のチャリティ番組である。目的は、視覚障害のある人のための音の出る信号機を設置すること。「通りゃんせ基金」と名づけられ、募金が番組内で呼びかけられる。萩本欽一は、一九七五年から始まったこの番組のメインパーソナリティーを務めていた。

またこの頃の萩本欽一は、競馬はする、女の子のお尻は追っかけ回すなど「悪いこともそうとうしてた時期」と本人が振り返るほど。お世辞にも品行方正とはいかず、だから自分は相応しくないと思っていた（前掲『なんでそーなるの！』一八七頁）。だが井原は「欽ちゃんしかいない」という思いで、あきらめず熱心に口説いた。結局萩本が折れて、初代の総合司会に就任した。

井原の目論見は、結果的に大当たりだった。日本では前例のない全国ネットの大型チャリティ番組ということで放送前は不安も大きかったが、番組とともに起こった募金熱の高まりはものすごいものだった。五円や一〇円といった小銭を一杯に詰めたビンや箱を手に集まる人の列が途切れることなく続き、募金を受け付ける電話は鳴りっぱなし。これほど日本中が募金で一色になるとは予想もしなかった。

その中心にいたのは、間違いなく萩本欽一である。大竹しのぶとともに総合司会となった萩本が姿を見せる場所には、どこでも群衆が詰めかけた。第一回のときには、萩本たちが都内の街中に足を運んだのである。「欽ちゃ〜ん」と声がかかり、募金を手に握手しようとする人びとが萩本たちを取り囲んだ。

そして大詰めのグランドフィナーレは、代々木公園につくられた特設ステージで。ステージ上には、おなじみの黄色いTシャツを着た萩本欽一と大竹しのぶがいる。会場は二人をひと目見ようと集まった数万人の観衆でぎっしり。「絶対押さないでくださいね」「後ろのひと、押し合わないで」と呼びかけるスタッフの声も聞こえる。

二人が「ありがとう！」と手を振ると、観衆も歓声を上げ、手を振って応える。この二四時間のあいだに印象に残ったことを聞かれ、この放送の翌日に目の手術をする女の子が、もし目が見えるようになったら最初に欽ちゃんの顔が見たいと言ったという話を披露。萩本が呼びかけ、会場の人びとから女の子への激励の拍手が送られる。ほかにもさまざまなエピソードが語られ、聖火ランナーとしてタモリが登場する演出もあった。

募金はこの時点でおよそ三億八五〇〇万円。予想をはるかに超えていた（最終的には一一億九〇〇〇万円余り)。萩本と大竹は観客席に入り、時間の許す限り募金を受け取りながら握手をして回る。あまりの混雑ぶりに迷子も出て、萩本がそんな子どもたちを急きょステージに上げて親を探すためインタビューする場面も。会場は、熱気の渦に包まれた。

そこに現れたのが、日本テレビ社長(当時)の小林与三次《こばやしよそじ》。小林は二人の労をねぎらうと、「皆さんの声がある限り、何度でもやります!」と興奮気味に宣言した。

実はこの『24時間テレビ』は、この年限りの予定だった。それだけ時間も労力もかかる超大型番組である。だが小林は群衆の盛り上がりを目の当たりにして、継続することを思わず生放送で宣言してしまったのだった。こうして『24時間テレビ』は毎年恒例となる。貢献度ナンバーワンの萩本欽一も、翌一九七九年、さらに一九八〇年と総合司会を続けた。

†「欽ちゃん」の笑いが有していた包容力

「萩本欽一=いい人」というイメージが決定的に定着したのは、このときからだろう。

だが人並みにギャンブルもやるし、いろいろと遊んでもいた萩本にとって、そのイメージは後ろめたさを伴うものだった。なかには「なんでそんないい人になりたがるんですか?」などと聞いてくる人間もいる。それでも引き受けた以上、イメージを守るために女性のいる飲み屋に行くことをきっぱりやめた(同書、一八七頁)。そのあたりは、一度決めたらいつも徹底しているのが萩本欽一というひとである。

だが『24時間テレビ』の仕事をしたことで、思いがけない良い出会いもあった。毎年、友だちを連れて車椅子で会場にやって来る少年がいた。番組には、普段会えない有名人や芸能人が大勢参加している。興奮した少年たちは、サインをもらおうと車椅子で動き回っていた。

会場にはテレビ用の機材が所狭しと置かれ、床には配線用のコードなどが張り巡らされている。車椅子だと危険なことこの上ない。テレビ局のスタッフも、普段なら「ばかやろー」などと怒鳴ってやめさせるところだが、相手が車椅子の少年なので遠慮している。

そうしているうちに、翌年、翌々年と少年たちの人数も増え、ますます傍若無人になった。これはさすがに危ないと思った萩本は、「お前らいい加減にしろ！　みんなが君たちを大事にしてくれると思っていい気になるんじゃない！　事故が起きたら君たちも大変だし、テレビ・スタッフにも迷惑がかかるんだ！」と怒鳴りつけた（同書、一八八〜一八九頁）。

周囲の人間は、その剣幕にみな目を見張っている。テレビ局の人間も慌てていた。マスコミの人間もその場にはいる。どう書かれるかわからない。

さすがに言いすぎたかもと思った萩本は謝った。ところが、案に相違して、向こうのリーダー格の少年も謝ってきた。そしてこう言った。「僕、生まれて初めて人に怒られた。

でも欽ちゃんは僕をふつうの人とおなじように扱ってくれたから、真剣に怒ってくれたんだよね。僕、なんかやっとふつうの人間になれた気がする」（同書、一一九頁）。

これを機に仲良くなった二人のあいだには、こんなやり取りもあった。

少年が、「欽ちゃん、よく二郎さんのことどついてたよね。僕、まだだれからもどつかれたことないから、僕のことどついてくんないかな」と頼む。萩本は、「おい、また走ってんな。邪魔なんだよ、お前は！」とツッコみながら、頭をぽーんとぶつ。すると少年も負けてはいない。「このやろ〜、だれにも殴られたことのない俺を殴ったな！」（同書、一八九〜一九〇頁）。

このエピソードは、「欽ちゃん」の笑いが有していた包容力の大きさを物語っている。一九七〇年代、「欽ちゃん」の笑いは、二郎さんのようなプロだけでなく素人も相手にするようになった。そしてそれは、決して一方的なものではなかった。素人もまた笑いに参加することを求め始めていた。その広がりは、笑いの当事者にすることがまだはばかられるような障害のある人びとがそこに参加したい思いをかきたてられるほどのものだった。

その意味で、当時「欽ちゃん」という存在は、テレビを通じ日本社会そのものと言ってもいいくらい巨大なコミュニケーションの輪の中心にいた。『24時間テレビ』の総合司会というポジションは、本人にとっては戸惑いもあったにせよ、時代が求める必然だった。

それは、萩本欽一ならではの笑いのコミュニケーションが引き寄せたものだったのだ。

克服したあがり症——長野オリンピック閉会式で

そうしたポジションは、一九九〇年代、昭和が終わり平成になっても続いた。

一九九八年、長野で冬季オリンピックが開催された。日本では一九七二年の札幌以来、二度目。平成という時代に限れば、日本で開催された唯一のオリンピックだった。

日本人選手も活躍した。特にスキージャンプのラージヒル団体での金メダルは劇的な展開もあって日本中を熱狂させ、テレビ中継も高視聴率をあげた。

そうしたなか閉会式の司会に抜擢されたのが、萩本欽一だった。この頃の萩本はテレビの最前線からは距離を置き、映画や舞台のほうに力を入れていた。したがって、世間では司会への起用を意外な目で受け止める向きもなかったわけではない。

一方、引き受けた萩本本人にとっても困ったことがあった。一言もアドリブを飛ばしてはいけないと釘を刺されたのである。オリンピックの閉会式ともなると世界中に生中継される。各国の放送で同時通訳もつくからアドリブは困る、というのがその理由だった。

となると、萩本が嫌がっていた進行役と変わらない。オリンピックという場も当然初めてだ。元々が緊張しやすい性格で、例の生コマーシャル一九回NGのトラウマも完全に消えたわけではない。「絶対失敗する」と本人は不安を募らせた。

さて本番当日。開き直ったのがよかったのか、台本通りスムーズに進行できた。だが最後の最後に、萩本欽一の頭にふと疑問が浮かぶ。

台本の最後のセリフは、「選手のみなさん、ありがとう！」というもの。しかし萩本は、このセリフを自分ひとりだけですませるのは違うのではないか、と感じた。いま見ている世界中の人たちが選手に感謝したいと思っているだろう。ならば、せめてこの会場にいるお客さんだけでもその思いを選手に伝えるべきではないか（同書、二三七〜二三八頁）。

そこで萩本は、台本のセリフを言った後にアドリブで観客に向かってこう投げかけた。「大きな声で選手の皆さんにありがとうって言いましょう！」。すると観客席からは一斉に「ありがとう！」の声が。静かだった会場は一気に盛り上がった。

この閉会式の司会は、思わぬプレゼントを萩本欽一にもたらした。

まず母のトミが、萩本の仕事を初めて喜んでくれた。トミは、テレビを見ながら「ごめんね～、欽一、ごめんね～」と言いながら泣いていたという（同書、二三九頁）。

そして、アドリブを入れてしまい「しまった」とも思ったが、これだけの大舞台であがらずに司会ができた。萩本は、五〇代後半にしてはじめてあがり症を克服したのである（同書、二三八頁）。このことは、また新たな挑戦につながっていく。グラウンドでのマイクパフォーマンスが有名になった野球チーム・茨城ゴールデンゴールズの活動を始めたのは、この何年か後のことだ。

2 素人を主役に――「欽ちゃん」が発見した「テレビの笑い」

†「パジャマ党」誕生

時計の針を少し戻そう。司会の仕事をするなかで素人が発揮する笑いのパワーにプロ以上の可能性を感じた萩本欽一。その発見が一九七〇年代の一連の冠番組のヒットにつながっていくのだが、まずそのための準備が必要だった。それは、お抱えの放送作家集団をつくることである。ただタレントが自前の放送作家を育てるというのは、前例のないことだった（萩本欽一『人生後半戦、これでいいの』一〇四～一〇五頁）。

放送作家とは、番組の企画を立てたり、台本を書いたりするひとのこと。いわば番組のブレーンである。古くは『夢であいましょう』の永六輔や『シャボン玉ホリデー』の青島幸男などが有名だ。

また放送作家は、芸人の座付き作家としてコントや漫才のネタを書く場合もある。コント55号にもいた。岩城未知男《いわきみちお》がそのひとで、萩本とは同年生まれ。ともに二三歳のときに出会った。当時放送作家の大御所的存在だったはかま満緒の弟子として、テレビのコント台本を書いていた岩城は、やがてコント55号の専属作家のようになっていく(前掲『「笑」ほど素敵な商売はない』二九七〜二九八頁)。

萩本は、そうした経験からコメディアンの番組をヒットさせるには優秀な放送作家が必要だと考えたのだろう。まだ大学生くらいの若者たちに声をかけ始めた。

大岩賞介《おおいわしょうすけ》はそのひとり。現在も明石家さんまの番組などに携わる大岩は、最初ははかま満緒の運転手として放送業界に入った。やがて『シャボン玉ホリデー』の台本を書くように。岩城未知男は彼にとって兄弟子的存在であり、コントを書く際のお手本だった(『LIBRA』二〇一七年九月号)。

そんななか、声をかけてきたのが萩本欽一だった。コント55号の台本も書くようになるなかで、大岩賞介はほかの放送作家見習いとともに萩本と合宿生活を送るようになる。

それは、萩本のアイデアだった。放送作家として見込んだ若者たちに、まずコメディアンとはどういうものなのかを見せたいと思ったのである。どうせならば、一緒にいる時間が長ければ長いほどいいだろう。そんな考えから生まれたのが合宿生活の提案だった(前掲『なんでそーなるの!』一六一頁)。

萩本が自宅では昼夜関係なくずっとパジャマ姿だったので、放送作家見習いたちもみな日中からパジャマ姿で過ごすことに。そこでついた名前が「パジャマ党」。結成は一九七二年ごろのことだ。その後、それより若い作家集団として「サラダ党」も生まれた。

だから、笑いの授業などはない。萩本が直接教えるのは麻雀と将棋だけ。新人は将来忙しくなったときのためにあまり寝かせないようにするなど独特の訓練もあったが、傍から見ればほとんど遊んでいるようなものだった。

そのなかで放送作家の卵たちは萩本に面白いヨイショができるようになったりすると褒められる。とはいえ、遊びではない。「作家は勝負に強くならないと一人前にならない」というのが萩本の考え。麻雀は毎晩やった（同書、一六二頁）。

†「石の上にも五年」

もちろん、若者たちを放送作家としてひとり立ちさせるための計画も裏ではちゃんと考えられていた。

「石の上にも五年」。それが基本方針である。「三年」の間違いではない。五年というのは、萩本欽一自身の経験から導き出されたものだった。

三年間一生懸命打ち込めば、どんな目標でもたいがい到達することはできる。だが最初から三年でと思ってしまうと、焦って方法論を間違えやすい。だから三年で一応のかたちはつくったうえで、残り二年で完璧なものにするのがよい（同書、一六五頁）。

コント55号がまさにそうだった。結成は二五歳のときで、コンビのかたちとしては三年で出来上がっていた。でもそこをいったん我慢して、ネタを作り続けて五年で完成させた。その後も五年周期で人生の区切りが巡ってきた。萩本欽一にとって、「運」は五年ぐらいの我慢でたまってくるものなのだ（同書、一六六頁）。

若いときは、この我慢が難しい。ちょっといい流れが来ると、つい急ぎがちだ。だが萩本はこう言う。「若い時期に自分の意見を押し通すと、運がやってきません」（同書、一六六頁）。

パジャマ党やサラダ党の若者たちにも、同じ方針で臨んだ。と言っても、「五年は我慢しろ」と直接説くわけではない。サラダ党に鶴間《つるま》政行《まさゆき》（元々はラジオの『欽ドン！』の「ハガキ職人」だった）というメンバーがいた。萩本は、将棋が得意でかなり強い。鶴間にはずっとその将棋の相手をさせていた。最初はまったくの初心者だった鶴間だが、やがて萩本を負かすくらいの腕前になった。

そこで萩本は、鶴間が一回勝ったら自分が二回勝つまではやめないというルールを作った。わざと負けると見破られてしまうので、手は抜けない。だから延々終わらない。まさに我慢である。これを萩本は、五年続けた（同書、一六七頁）。

このあたりは、萩本欽一の少年時代に重なる部分もあるだろう。気弱だった萩本少年は、ガキ大将にいじめられないようにするため、いつも相手の顔色をうかがうような子どもだった。そこには、観察する力が必要だ。ここでの鶴間は、いわば当時の萩本少年の立場にいる。「大将」（萩本のことを周りはこう呼んだ）がなぜこのようなルールをつくり、自分と将棋を指し続けるのか、それが萩本流の教育であることを察しなければならない。

こうして、五年が経った。いよいよ、育てた放送作家たちを引き連れて念願の自分の番組をつくる機が熟した。

だが、肝心の台本の書きかたを萩本欽一はまだ教えていなかった。無理もない。萩本欽一はあくまで演者、とりわけ動きで魅せるタイプの演者である。ただ萩本には、並外れたアイデアの豊富さ、それまで誰もやったことのない番組のアイデアを思いつくという意味では天賦の才があった。大岩賞介も、放送作家の目で見た萩本欽一のすごさとして真っ先に「発想力」をあげる（前掲『LIBRA』）。

とはいえ、放送作家は台本が書けなければ始まらない。ではどうするか。そこで萩本が選んだのがラジオだった。

†『欽ちゃんのドンとやってみよう！』は、テレビでやるラジオだった

一九七二年四月、ニッポン放送で萩本欽一の番組『どちらさんも欽ちゃんです』が始まった。土曜深夜の一時間番組。パジャマ党のデビュー作である。

そのなかに、リスナーからネタを募集し、面白かったものを紹介するコーナーがあった。これが好評で、一九七二年一〇月から同じニッポン放送の帯番組として独立した。

それが、『欽ちゃんのドンといってみよう！』、通称『欽ドン！』である。番組の長さは一〇分。欽ちゃんがリスナーからの投稿を読み上げ、その場でウケ具合を見て賞を決める。スタジオ内にはアシスタントやパジャマ党の作家たちがいて、その笑いの大きさが判断基準になった。

投稿のテーマは、帯番組なので曜日ごとに決まっていた。

たとえば、「母と子の会話」というテーマではこんなハガキが来る。「母ちゃん、ウチが燃えてるよ！」「いいから、早くもう寝なさい」。スタジオ内は爆笑となり、欽ちゃんが「ノンノ賞」（集英社の提供だったので、賞の名は「プレイボーイ賞」「明星賞」「ロード賞（ロードショー）」など集英社が発行している雑誌からつけられていた）などと賞を決める。そして番組の最後に最優秀賞が決まり、五〇〇〇円の賞金がもらえる。

いまの感覚だとよくあるスタンダードなラジオ番組だが、当時は画期的だった。一般リスナー、つまり素人のつくったネタだけで構成する番組などそれまでなかったからである。後に面白いネタを送ってくる常連投稿者のことを「ハガキ職人」と呼びならわすようになるが、これもまた萩本欽一が放送業界にもたらしたもののひとつだった。

そしてある時から、今度はこのラジオをテレビでやろうと萩本は思うようになった。忘れないようにと、破いた台本の表紙をいつもポケットに入れていたほどだ（前掲『なんでそーなるの！』一六九頁）。『欽ちゃんのドンといってみよう！』の主役も素人。素人とテレビの相性の良さを身に染みて知っていた萩本は、手ごたえを感じていたのだろう。

ただ、同じ素人中心でも視聴者からのハガキがメインのテレビ番組となると前例がない。企画はそうすんなりとは通らなかった。最初に持ち込んだ日本テレビの井原高忠からは、「困りましたねえ。欽ちゃんは翔んでるから突然すごいこと言ってくるけど」と困惑された（前掲『欽ちゃんつんのめり』一九九頁）。

そこでフジテレビの常田久仁子のところへ行った。萩本は、スタジオとスタッフを貸してほしい。そのお金は自分が払う、とまで言って掛け合った（前掲『なんでそーなるの！』一六九頁）。異例の申し出である。調べてもらったところ、「六〇〇万」ということだった。

萩本の並々ならぬ意気込みを感じ取った常田は、結局特番の枠を確保し、制作費もフジテレビが出すようにしてくれた。しかも希望通り、番組タイトルに「欽ちゃん」も入れてくれた。それが、一九七四年九月二一日放送の『欽ちゃんのドンと行ってみよう！ドバドバ60分！』である。

常田も、視聴者からのハガキを読む番組と言われて成算はなかった。だが「よくわからないけれど、ピンとくる部分があった」。そして「密室的なラジオのスタジオで読むはがきを、広い世間に持ち出してみたら」どうなるか、興味が湧いた（前掲『欽ちゃんつんのめり』二〇〇頁）。ラジオの文化放送出身で、テレビでもドキュメンタリー番組をつくっていた常田だからこそ、直観的にその面白さがわかる部分があったに違いない。

しかし特番の視聴率は、三・九％と振るわなかった。ただ企画の斬新さに業界内での反響は大きく、日本テレビがレギュラー化に動いた。するとそれを知った常田久仁子が「よその局にもってくんじゃない！」と萩本に直談判。最終的にフジテレビが権利を勝ち取った（『テレビバラエティ大笑辞典』一八二頁。前掲『なんでそーなるの』一七〇頁）。

そして一九七五年四月五日、いよいよレギュラー放送がスタート。タイトルは『萩本欽一ショー　欽ちゃんのドンとやってみよう！』。開始時点では「欽ちゃんの〜」に加えて「萩本欽一ショー」もついていた。コメディアンの名前がついた初めての番組ということで、常田久仁子がご祝儀として一つ余分に足してくれたのである（同書、一七〇〜一七一頁）。

†素人が主役になったバラエティ『欽ドン！』

『欽ちゃんのドンとやってみよう！』のメインは、繰り返すまでもなく視聴者から寄せられたハガキを読むコーナーである。アシスタントとして、まだデビュー間もない香坂みゆきが出演していた。

ハガキのテーマは、「母と子の会話」「ああ勘違い」「レコード大作戦」など基本的にラジオの『欽ドン！』から受け継がれた。「母と子の会話」は、先ほど見た通り。「ああ勘違い」は母と子に限らず店員と客などさまざまなシチュエーションでの同じ会話ネタ、「レコード大作戦」は、流行歌のワンフレーズをオチに使ったネタ、といった具合だ。

これを欽ちゃんが読み、スタジオに来た観覧客の笑いを見て「ばかウケ」「ややウケ」「ドッチラケ」と書かれた三つの箱にその場で振り分けていく。最後に「ばかウケ」をとったハガキのなかから欽ドン賞が決まる。

ここまでは、ラジオ番組をテレビでやるというコンセプトがそのまま表現されている。だが素人が主役だったのは、投稿ハガキだけではなかった。

たとえば、欽ちゃんがスタジオの外に出て、街頭で一般の素人に向けて投稿ハガキを読む。欽ちゃんが、「ちょっと聞いて」などと言いながらハガキを手に持って投稿を読み上げ、相手の反応を見る。

ラジオだと、スタジオ内にいるタレントや放送作家、またテレビスタジオの観客も若者が多い。だが萩本は、中高年の人たちにも声をかけて、ハガキを読む。なかには意味がわからず頓珍漢な反応をするひとや無反応なひともいる。しかしそれが逆に予想外で面白い。

素人との絡みはこれだけではない。街行くひとを捕まえて、番組のタイトルコールをさせることもあった。欽ちゃんが「あそこにカメラあるから」と指さして、そこに向かって「欽ちゃんのドンとやってみよう！」と叫ぶようお願いをする。

そこからが、欽ちゃんの本領発揮である。一般の素人は、もちろんタイトルコールの経験などまったくない。だから声がつい小さくなってしまったり、ちゃんと声が出たとしても「欽ちゃんのドーン！」とタイトルを間違えてしまったりする。すると欽ちゃんはすかさず「違うよー、もう一回お願い」などと繰り返しやらせる。だが今度は叫ぶことや正しい番組タイトルに気をとられるあまり、同時に右手を突き上げるポーズもするように言われていたのをすっかり忘れてしまい、また繰り返させられる。

もうお気づきだろう。ここでの素人は、コント55号の二郎さんの役回りになっている。欽ちゃんの矢継ぎ早のツッコミに翻弄され追い詰められるなかで、失敗を繰り返す。しかも二郎さんのようなプロのコメディアンではないので、返せる技術があるわけではない。

だがそれこそが、萩本欽一の狙いだった。「ひとは一度に三つのことをやることはできない」というのが萩本の持論だ。ここでは、右手を突き上げながら大きな声で、正確な番組名を叫ぶという三つのこと。突然振られるとプロでも難しいことであり、素人であればなおさらだ。そこに誰も予想しなかったような笑いが生まれる。

プロの芸を見ることに慣れ切っていた視聴者にとって、このように素人が前面に出て笑いの主役になる番組は新鮮以外の何物でもなかった。初回の視聴率も一七%を超えた。萩本は、電話でその数字を聞いたとき、涙声になり絶句したという（前掲『欽ちゃんつんのめり』二〇一頁）。ここから、「欽ちゃん番組」の快進撃が始まる。

『欽ドン！』の影響力は、テレビバラエティ全般に対しても小さくなかった。意外性を求める演出は、素人主体ではないがアドリブの笑いを前面に押し出して成功したフジテレビ『オレたちひょうきん族』（一九八一年放送開始）にもつながっている。実際、三宅恵介ら『欽ドン！』のスタッフが『ひょうきん族』に携わっていた。

また、「ばかウケ」「ややウケ」「ドッチラケ」は流行語になった。いまでは普通に使われる「ウケる」という表現は、元々芸能界の専門用語。萩本欽一が、それを番組で使って一般的なボキャブラリーにしたのである。そんなところにも萩本の言語センス、『欽ドン！』という番組の当時の人気ぶりがうかがえる。

†欽ちゃんに笑いの才能を見出された歌手、前川清と中原理恵

高視聴率への貢献という意味では、前川清の存在も大きかった。

萩本欽一と前川は、番組内で「コント54号」を結成。コントを披露した。もちろん萩本がツッコミ役で、前川がボケ役である。坂上二郎ともまた間の違う独特のとぼけた味で、前川は瞬く間に人気者になった。

純粋な素人ではなく芸能人を相手にするならば、自分のフリやツッコミをしっかり受け止めてくれる存在がいい。だができれば、テレビなので笑いという点では素人に近い存在が望ましい。俳優では、そのあたり演技力でなんとかなってしまいかねない。その意味では、同じ芸能人でも歌手が相手役としてぴったりだった。

ひとりでの仕事を始めた『スター誕生！』の頃は、まだ歌手と上手く付き合えなかった。その頃は、歌手は歌のイメージを崩してはいけないという先入観が強く、下手に萩本が歌手にツッコむと、イメージを崩されたと考えてマネージャーが激怒するような時代だった。それで歌手とは自然に距離を置くようになっていた（前掲『なんでそーなるの！』一七九～一八〇頁）。

だが『欽ドン！』の開始にあたって前から気になっていた前川にオファーしたところ、

快く引き受けてくれた。これを機に萩本と前川は急速に親しくなり、交流が続いていくことになる。「芸能界でいちばん深い友だち」になった（同書、一八三頁）。

当時の前川清は、「長崎は今日も雨だった」「そして、神戸」のヒットで有名な内山田洋《うちやまだひろし》とクール・ファイブのメインボーカル。ムード歌謡の歌い手で、面白いひとという印象は世間にはなかった。それが『欽ドン！』では一転してコミカルな味で笑いをふりまく存在に。そのギャップに視聴者は魅了された。

歌手の隠れたコントの才を見抜く目は、後述する『欽ドン！良い子・悪い子・普通の子』の中原理恵に対しても発揮された。

「良い妻・悪い妻・普通の妻」のコーナーで、三通りの妻を一人三役で見事に演じ分けて人気に。「東京ららばい」など大人の雰囲気のヒット曲で知られたクールなイメージの中原がコントで弾ける様は、こちらも意外性たっぷりで大きな話題を呼んだ。

前川清にしても中原理恵にしても、萩本欽一のひとを見抜く目、プロデューサーとしてのすごさがわかる。その眼力は、イモ欽トリオやわらべ、CHA-CHAなどアイドルのプロデュースにも生かされることになる。このプロデューサーとしての仕事については、次章で詳しく述べたい。

†『欽ドン！』対『全員集合』――視聴率のための戦略

『欽ドン！』の放送時間は、土曜日夜七時半からの九〇分。この「七時半」開始には、ある意図があった。

当時土曜夜の時間帯は、高視聴率を連発し「お化け番組」と呼ばれたザ・ドリフターズの『8時だョ！全員集合』が長年君臨していた。視聴率は常時三〇％以上。その開始は番組タイトルの通り夜八時である。萩本欽一には、かつて『コント55号の世界は笑う』が同じ開始時刻で後発の『全員集合』に熾烈《しれつ》な視聴率争いの末に敗れ、番組終了に追い込まれた苦い経験があった。

そして再び『全員集合』と相まみえることになったとき、萩本は考えた。先に視聴者を引きつけておこうと開始時刻を三〇分早い夜七時半にしたのである（『アサヒ芸能』二〇〇五年六月九日特大号）。萩本は『全員集合』に対し、心から尊敬の念を抱いていた。「長さん（いかりや長介）は、一週間、たっぷり考えて、それから本番に取りかかっているの、よくわかりました」（前掲『欽ちゃんつんのめり』一九九頁）。それでも萩本は、この勝負にはなりふり構わず勝ちたかったのである。

採用される投稿ハガキの選びかたにも、萩本は策を凝らした。

まず、高校生の男の子からのハガキに限定して選ぶ。次は大学生。すると、それを見た中学生や小学生のなかから背伸びをして頑張る子が出てくる。ただしそうしたハガキはあえてすぐに番組で読まない。高校生や大学生くらいの年齢のひとばかり選ばれてるな、と視聴者が気づく頃合いを見計らって、「○○君の作品〜。あれ、小学生だよ、この子！すごいねえ、小学生も書いてくるんだ」と思わずびっくりしたように読む。そのあとは主婦からのハガキも選ぶようにする（前掲『なんでそーなるの！』一七二頁）。

こうすれば、それぞれの世代のヒーローが生まれ、やがてすべての世代のひとがこぞってハガキを書いてくれるようになるのではないか。そう萩本は考えたのである。開始時間のことと言い、萩本は戦略家だった。それだけ、テレビについて研究熱心でもあった。裏番組のCMが入るタイミングまで調べ、ならば自分の番組はどう進行するかを考える（前掲『欽ちゃんつんのめり』二〇二頁）。まさに「出るひと」というだけでなく「つくるひと」でもあった。

それもすべて、ここは『全員集合』に勝つため。こうした裏番組への強烈なライバル意識は、昭和のテレビに熱気と活気をもたらす大きな原動力だったと、今にして思う。

当時は現在のように売れっ子タレントが五本も一〇本も自分の番組を持つのが当たり前ではなく、ひとつの番組に全精力を集中するのがむしろ基本だった。だから自分の名前を冠した番組が当たるかどうかは、タレントにとって死活問題だったのである。とりわけ『欽ドン！』は、萩本欽一がコンビではなく個人としての再出発を期した番組なのでなおさらだった。

そして萩本の思いと努力は通じた。放送開始から半年後に、初めて『全員集合』の視聴率を抜いた。一年後には三一・一％の最高視聴率を記録。萩本欽一の見事な復活劇だった。

3 「視聴率一〇〇％男」萩本欽一のテレビ論

†「ドラマ」のかたちをとったバラエティ？――『欽ちゃんのどこまでやるの！』

ここから、日本のテレビエンタメに圧倒的な〝欽ちゃん時代〟が到来する。「欽ちゃん」なしにはテレビが回らないような状況になっていくのである。『欽ちゃんのドンとやってみよう！』が続くなか、次はＮＥＴテレビ（現・テレビ朝日）で新番組が始まった。

萩本欽一は、今度は夜九時台で勝負したいと考えた。一九七〇年代、夜九時台はドラマの時間帯という動かしがたい常識があり、実際ドラマで占められていた。だがコメディアンの地位を上げたいと願っていた萩本は、ドラマにあえて挑戦しようとしたのである。

そこで『欽ドン！』のときと同じく、萩本は企画をテレビ局サイドに持ち込んだ。最初はフジテレビ、次に日本テレビに話を持ちかけたが空いた枠がなく、結局NETテレビに落ち着いた。そして誕生したのが、『欽ちゃんのどこまでやるの！』、通称『欽どこ』である。こちらもピーク時には視聴率三〇％を超える人気番組になった。

番組のプロデューサーだった皇達也《すめらぎたつや》は、萩本と同い年。すでに一緒に番組をやった経験もあった。『欽ドン！』を当てた萩本の企画を獲ってこいという命令を受けて訪ねてきた皇に、萩本は夜九時台でバラエティをやりたいという希望を打ち明けた（前掲『なんでそーなるの！』一七三～一七四頁）。

決まった放送枠は、水曜の夜九時台。『時間ですよ』や『寺内貫太郎一家』など人気ドラマを連発していたTBS「水曜劇場」と同じ枠だ。よりにもよって強敵である。一方NETの側からは、バラエティのなかにドラマを入れてくれないか、という要望があった。そうでないとスポンサーがつかないというのである（同書、一七五頁）。

無茶ぶりだが、そう言われれば従わざるを得ない。萩本は、工夫に工夫を重ねてバラエティのなかにドラマを入れた。窮余の一策である。だが、そこから前代未聞とも言える斬新なバラエティが生まれたのだから面白い。

スタジオには、どこにでもありそうな居間のセットが組まれている。そこに住むのは萩本欽一演じるサラリーマンのお父さんと俳優の真屋順子演じる主婦のお母さん。子どもたちもいる。そんな普通の一家の日常が、ドラマのかたちをしたコントとして演じられる。これがまず番組のベースである。

居間のセットで目立つのは、真ん中に置かれたテレビ。欽ちゃんが「テレビでも見ようか」とスイッチを入れると、いろいろなコーナーの映像が画面から流れるという仕組みだ。どのコーナーも笑える企画なのだが、NETからの要望に沿って「ドラマ」という体裁を取っていた。

たとえば、「さすらいの刑事」という企画。つくりはハードボイルドな刑事ドラマ。だが主人公の苦み走った渋い刑事を演じるのが、萩本の弟子の斉藤清六だった。

斉藤は、ハードボイルドとは正反対のキャラクター。無類のお人好しで、やることなすこと不器用でおっちょこちょい。ちょっとずれている。見た目も苦み走った渋い感じとはほど遠い柔和な顔だ。そんな素朴さ満点のコメディアンである斉藤が真面目に演じれば演じるほど、隠し切れないポンコツ具合があらわになって笑いを誘う。

ドラマの合間にニュース番組もあった。「いつものアナウンサー」と呼ばれる本物のアナウンサーが登場しニュースを読んだりするのだが、なぜかテレビのはずなのに欽ちゃんと画面越しに会話が始まってしまう。斉藤清六は、ここでも「村の時間」というローカルニュース番組の「たよりないアナウンサー」として登場していた。

「推理ドラマ」という企画もあった。とはいえ、犯人当てのミステリードラマではない。毎回ゲストがテレビ画面に登場し、食事をする。そのメニューが五品あって、これからゲストがどの順番で食べるかを萩本らが「推理」して当てる。現在もこれによく似たクイズ企画があるが、その先駆けと言っていい。

ここでの萩本家は、私たちと同じ視聴者でもある。家族でテレビを見て笑ったり、「なにやってんの」などとツッコんだりする。萩本家がどこにでもいそうな庶民の一家という設定なのは、当時のドラマの主流だったホームドラマを模していると同時に一般視聴者の代表ということでもあった。

つまり、「ドラマ」と銘打ったお笑い企画を出演者が視聴者として見るドラマ仕立てのバラエティというわけである。こうしてバラエティでもドラマでもあるような、それまでにないジャンルを超越した新しいバラエティが誕生した。

†「欽ちゃん番組」と素人路線の確立――『欽どこ』『良い子・悪い子・普通の子』『仮装大賞』

素人を中心にした番組づくりも健在だった。

『欽どこ』の萩本家には、四人の子どもが生まれた。最初が長男の見栄晴《みえはる》。そしてその妹になる三つ子ののぞみ、かなえ、たまえ。いずれも赤ん坊時代は人形で、それを踏まえたコントが繰り広げられた。途中からは子役となり、ある程度大きくなると見栄晴を藤本正則（後に見栄晴がそのまま芸名になった）、のぞみを高部知子、かなえを倉沢淳美、たまえを高橋真美が演じた。この三つ子役三人が「わらべ」としてデビューし、「めだかの兄妹」を大ヒットさせたことを覚えているひとも少なくないだろう。

すでに四人とも子役などで芸能活動をしていたが、笑いという点では全員素人だった。したがって、萩本とのやり取りもプロのようにテンポよく軽快にとは行かない。むしろ妙な間ができたり、タイミングがずれたりすることもしばしば。だが萩本はそれを心得たツッコミで、ほのぼのとしたなかにも新鮮な笑いに変えていく。

同じスタンスは、『欽ドン！』シリーズの第二弾として一九八一年四月から始まった『欽ドン！良い子・悪い子・普通の子』でも一貫していた。

『欽ドン！』第一弾は、一九八〇年三月で終了。人気がなくなったわけではなく、企画を練り直す必要を感じた萩本欽一が番組をいったん休止にしたのである。そしてそのなかで、「良い子・悪い子・普通の子」というアイデアに思い至る。萩本は父親役で、三人の息子がいるという設定。それが「フツオ」「ヨシオ」「ワルオ」の三人で、「お父ちゃん」の萩本とともに、家庭の居間のセットで視聴者から投稿されたネタを演じるのである。

たとえば、こんな感じだ。萩本が「おーい、フツオー」と呼ぶと詰襟の学生服を着たフツオが登場。「父ちゃん、課長になったぞ」という言葉に「おめでとう、父ちゃん」と普通の返し。続いて分厚い本を小脇に抱えたメガネ姿のヨシオが呼ばれる。すると「おめでとうございます。でもお父さんの才能にしては遅すぎですよ」と気持ち悪いくらいに持ち上げる。そして最後に学ランにリーゼント姿のワルオが登場。「フフフ、そのまま定年か」と悪そうな笑みを浮かべる。

いわゆる三段オチである。フツオ、ヨシオ、ワルオを演じるのはそれぞれ長江健次、山口良一、西山浩司。山口は「劇団東京ヴォードヴィルショー」所属の若手俳優、西山は前に書いたように『スター誕生！』の「欽ちゃんコーナー」出身のタレント。そして長江はこの番組がほぼ芸能界デビューで、オーディションで選ばれた。

経歴は異なるが、いずれもテレビバラエティの世界ではキャリアが浅く、素人に近い存在。とりわけ長江はまったくの素人だった。だから出てくるタイミングを間違ったりして、それを萩本がツッコんで笑いにするようなこともよくあった。この三人が「イモ欽トリオ」として「ハイスクールララバイ」を歌って大ヒット。わらべと同様、一躍トップアイドルになる。

この頃、萩本欽一を司会にした新たな視聴者参加番組も誕生した。いまも続く日本テレビの特番『欽ちゃんの爆笑仮装コンテスト　全日本仮装大賞』（現『欽ちゃん&香取慎吾の全日本仮装大賞』）である。第一回開催は一九七九年のことだった。

この番組の仮装は、一般的なコスプレとはひと味違う。仮装と言うと、スーパーマンの扮装をするというようなイメージだが、この番組では人間でないなにかになるというのがほかにない部分。第一回の優勝は、「人間蒸気機関車」だった（齋藤太朗『ディレクターにズームイン!!』二三〇～二三一頁）。

企画・演出を担当した日本テレビ（当時）の齋藤太朗は、参加する一般の出場者に共通していたのが、「司会の欽ちゃんに会いたいっていう気持ち」だったと回想する。欽ちゃんは、「司会者とは言いながら審査員に対抗して、いつも出演者側にいる」。その姿勢が出場者に安心感を与えた（同書、二三八～二三九頁）。

審査は、芸能人や有名人の審査員による投票制。合格点まであと一歩というとき、司会の萩本が「あと一点！」などと審査員席に向かって絶叫しながら出場者のために粘る姿はおなじみだろう。この番組が『24時間テレビ』とほぼ同時期に始まったことを思い出せば、欽ちゃんと出場者の距離の近さもさもありなんといったところだろう。

†「視聴率一〇〇％男」の誕生

実はこの『仮装大賞』、最初は『NHK紅白歌合戦』の裏番組だった。当時七〇％を超える圧倒的な視聴率を誇っていた『紅白』に対抗する存在として、当代随一の人気者となった萩本欽一は頼りにされる存在だった。

そういうわけで『仮装大賞』以前の数年間も、齋藤太朗と組んだ萩本は、『紅白』の裏番組をやっている。『コント55号の紅白歌合戦をぶっ飛ばせ！なんてことするの⁉』というコント番組だったが、そのなかに萩本らしい思い切った試みもあった。

それは、自前の視聴率調査。生放送中に一般家庭に電話をかけ、いまどの番組を見ているかを聞く。そしてその結果を集計して放送中にグラフで見せるのである。それをネタにして、欽ちゃんや二郎さんが一喜一憂しながら盛り上げるというわけである。

いうまでもなく視聴率は、萩本欽一というタレントの命運を左右するものだ。土曜八時のドリフとの戦い、そしてこの『紅白』との戦いからわかるように、視聴率は必死で勝ち取らなければならない戦利品である。負ければ自分の番組がなくなり、仕事が激減する。だから視聴率にはとにかくこだわり抜き、そのための創意工夫に手を抜くことはない。

しかし萩本はコメディアン。その創意工夫はすべて笑いのためのものである。だから笑いになるならなんでも利用する。時には、肝心の視聴率そのものでさえも遊びの材料になる。『紅白歌合戦をぶっ飛ばせ！』の視聴率調査は、まさにそれを地で行くものだった。視聴率に真剣にこだわり抜くと同時に視聴率のために徹底して遊ぶ。この両者が嚙み合ったことで、欽ちゃんの番組は快進撃を続けた。

『欽ドン！良い子・悪い子・普通の子』も、『欽どこ』と同様最高視聴率三八・八％と視聴率三〇％超を記録。さらに一九八二年にスタートしたＴＢＳ『欽ちゃんの週刊欽曜日』も同じく最高視聴率三一・一％を記録するに至り、欽ちゃん番組はことごとくトップクラスの高視聴率番組となった。

ちなみに『週刊欽曜日』の目玉は「欽ちゃんバンド」のコーナー。萩本をはじめ、佐藤Ｂ作、清水善三、清水由貴子、小西博之、風見慎吾がバンドを組んでステージで生演奏する。その練習場面では、お約束のギャグや欽ちゃんを中心にした掛け合いが繰り広げられる。プロのミュージシャンがひとりもいない、ほとんど素人のバンドというこれまた類を見ない企画だった。

この「欽ちゃんバンド」も、試行錯誤の結果だった。

最初は、萩本がハゲカツラを被ってコントをやった。だが新鮮味はなく、視聴率は上がらない。しかし、すでに『欽ドン！』と『欽どこ』を抱えていて、そうそうアイデアは浮かばない。

そんな折、番組中に流れるCMが打開のきっかけになった。外国人の俳優がニューヨークの摩天楼をバックに登場する洋酒のコマーシャル。ハゲカツラのコントとのあまりの落差に「これじゃ、CMに申し訳ないな」と思った萩本は、中身を洋風に変えようと思い立つ。衣装はもちろん、小道具として用意してあった楽器を出演者に持たせ、バンドを抜けようとする若者をバンドメンバーたちが説得するという設定にした。ついでに演奏もすることに。「欽ちゃんバンド」の誕生である（萩本欽一『ダメなやつほどダメじゃない』一四一〜一四二頁）。

この三番組の成功だけでもすごいが、萩本は、長寿番組となった『オールスター家族対抗歌合戦』、さらに久米宏を一躍人気司会者に押し上げた視聴者参加型のクイズ番組『ぴったしカン・カン』（TBS系）にも同時に出演。それらも人気を誇った。そこで萩本欽一についた異名が「視聴率一〇〇％男」。この表現ひとつとっても、当時のテレビにおける萩本の一頭地を抜いた存在感がわかるだろう。

†テレビにジャンルはない――「欽ちゃん」がテレビに起こした革命

こうしてテレビ芸能史上未曾有とも言える成功を収めた萩本欽一。そもそもテレビをどのようなものと見ていたのだろうか。

萩本は、パジャマ党やサラダ党を養成するだけでなく、自ら番組の企画・構成を手がけるようになっていた。「視聴率一〇〇%男」時代の番組の企画や構成のところには、「秋房子」という名前がある。放送作家としての萩本のペンネームである。「あきふさし」と読むのだが、パッと見には女性かと思ってしまうところがいかにも萩本らしい洒落っ気だ。それはさておき、文字通りテレビを「つくるひと」にもなっていたわけである。

サラダ党のメンバーのひとりに、君塚良一がいる。「冬彦さんブーム」を巻き起こした『ずっとあなたが好きだった』(TBS系)や織田裕二主演で大ヒットした刑事ドラマ『踊る大捜査線』(フジテレビ系)の脚本家として有名だ。だがテレビ業界に足を踏み入れたのは、萩本欽一への弟子入りがきっかけだった。

君塚良一は一九五八年生まれ。映画の脚本家志望だった。大学を卒業しても就職せず脚本を書き続けるつもりでいたのだが、「遊んでいた方がいいよ。部屋で脚本を書き続けるより」と言って指導教授が紹介してくれたのが萩本欽一だった(君塚良一『テレビ大捜査線』七九〜八〇頁)。

その頃すでに萩本は欽ちゃん番組をヒットさせ、誰もが知る存在。だが君塚のやりたいのはドラマであって、お笑いではない。気乗りしないまま教授の名刺を手に萩本の元を訪れた。

応接室にパジャマ姿で現れた萩本に緊張しながらも、自分はドラマの脚本を書きたいのだと君塚は正直に伝えた。当然不合格だろう。そう思ったとき、萩本は静かな目でこう言った。「うちは、お笑いとかドラマじゃなく、テレビを作ってるんだよ」(同書、八一～八二頁)。

そしてこう続けた。「テレビっていうのは、ジャンルでものを作ってないの。テレビはテレビなの。だってそうでしょ。野球中継だって、ニュースだってテレビは流すんだよ。そういう全部ひっくるめたものをテレビと言います」。またこうも言った。「そのうちさ、ドラマだお笑いだなんて分けることなくなっちゃうよ。ドラマと笑いがくっついた番組がいっぱいできるような時代が来るから」(同書、八二～八三頁)。

日本のテレビは戦後、一九五三年に本放送が始まった。新興産業だったテレビは、後発のメリットを生かして思いのままに突っ走った。自由なエネルギーがそこにはあった。

しかし一九七〇年代にもなると、報道は報道、ドラマはドラマ、お笑いはお笑いというようにきっちりとした棲み分けができてしまっていた。ジャンルの厚い壁が生まれていたのである。それを壊し、ジャンルの既成概念にとらわれずもう一度自由なテレビを取り戻そうとしたのが萩本欽一だった。

『欽どこ』は、まさに「ドラマと笑いがくっついた番組」だった。さらにほかにも萩本は、大胆な実験を試みていた。一九七九年に放送された日本テレビの『欽ちゃんドラマ・Oh！階段家族‼』。これは、「ドラマって、いつも横に動いてる。人間が縦になるドラマはないの？」というなんともユニークな発想から生まれた。

通常のドラマでは、登場人物が一階から二階に移動する際、途中の階段を上るシーンはカットされる。だがあえて階段の移動を映し続けるのはどうか。そうして生まれたのが、コント作家役の萩本が階段を上り下りしている途中でコントを思いつき、それが劇中で演じられるという型破りのドラマだった（前掲『ディレクターにズームイン‼』二七五頁）。

ここでもドラマとお笑いが結びつき、ジャンルを超越した番組が生まれている。そして萩本が君塚良一に対して予言したように、その後テレビにおけるジャンルの壁は本当に崩れ始めた。

たとえば、一九九〇年代になると、猿岩石による「ユーラシア大陸横断ヒッチハイク」が社会現象となった『進め！電波少年』のような番組が人気となる。それをきっかけにドキュメンタリーとバラエティという一見水と油のジャンルを結びつけた「ドキュメントバラエティ」が定着していく。いま人気の『水曜日のダウンタウン』（TBSテレビ系）なども、間違いなくかつて萩本欽一が生み出した流れのなかにある。

テレビの娯楽番組の歴史は、「欽ちゃん」登場以前と以後に分けられると言っても過言ではないだろう。萩本欽一は、掛け値なしにテレビに革命を起こしたのである。

†久米宏が気づいたすごさ

『ぴったしカン・カン』の司会を務めた久米宏は、萩本欽一と共演してテレビに関する自分の常識が覆された思い出を語っている。

それまでの久米は、自分が担当した番組がどれも長続きせず「番組つぶしの久米」などと呼ばれていた。そんな折、この番組でコント55号、そして萩本欽一を間近で見て驚いた。アナウンサーという職業柄、久米はカメラに自分が映ったときには間をつくらずしゃべり続けなければならないと固く思い込んでいた。

ところがコント55号は違っていた。二郎さんなどは、番組のあいだ一度もまともにしゃべらないことさえある。「きーっ」とか「ケケケ」といった程度しか言葉を発さない。しかしそれでも番組には何の支障もなかった。萩本も、映っているからと言って決して無理してしゃべらない。これを見て、久米は自分がしゃべる量も極端に減らすことにした（久米宏『久米宏です。』六八頁）。

つまり、ただ間を埋めるだけの言葉は、いくら流暢で洗練されていても面白さにつながらない。むしろ、素のリアクションこそが面白さにつながる。

『ぴったしカン・カン』は録画ではなく生放送。そうするよう、萩本欽一が強く希望したのだった。視聴者チームが解答者として出演するクイズ番組だったので、素人の面白さを引き出すために生放送の緊張感を利用しようとしたのである。しかも、この番組では間違ってもいいからどんどんテンポよく答えるよう促された。慣れない素人にとっては緊張感がさらに増し、言い間違いをしたり、思いもよらぬ珍答が出たりしやすくなる。そこに自ずと笑いの連鎖が生まれていた。そうしたゲーム性を強調するような演出も、萩本のアイデアによるものだった（前掲『欽ちゃんつんのめり』二二六頁）。

つまりこの番組での萩本欽一は、テレビを知り尽くした出演者であると同時に優秀なプロデューサーでもあった。野球に喩えれば、選手と監督を兼任するプレイングマネージャーといったところだろう。後になって「茨城ゴールデンゴールズ」の監督でありながら観客席に向かってマイクパフォーマンスをするようになる萌芽がすでにそこにあった。

それ以外にも、〝プロデューサー・萩本欽一〟の才覚は多方面で発揮された。「欽ちゃんファミリー」と呼ばれる人気タレント集団を世に送り出し、自分の番組からは数々のアイドル歌手をブレークさせた。そこにどんな極意があったのか。次の章で探ってみることにしよう。

第四章

プロデューサーの眼

――タレント、アイドル、野球チーム

1 「欽ちゃんファミリー」の誕生

†「大将」というもうひとつの呼び名

「大将」。これが萩本欽一のもうひとつの呼び名だ。テレビなどで、萩本がそう呼ばれるのを聞いたことがあるひともいるだろう。

同じように、ビートたけしなら弟子のたけし軍団から「殿」と呼ばれ、明石家さんまはジミー大西など可愛がっている後輩から「若」と呼ばれる。「お笑いビッグ3」のうちタモリにはそうした呼び名はないが、ほとんど弟子を取らず、群れることのあまりないタモリにはそうした呼び名と縁がなかったのだろう（かつて『笑っていいとも！』で一般から募集したらなんと「チーママ」になり、さすがにタモリは断固拒絶していた）。

そして大将・萩本欽一のもとにも多くのタレントが集い、ひとつの勢力となってきた。世に言う「欽ちゃんファミリー」である。

ただたけし軍団などと違い、まとまったグループとして常時活動してきたわけではない。師弟関係にあるような芸人やタレントだけでなく、欽ちゃん番組への出演がきっかけでフアミリーのメンバーに数えられるケースも少なくない。むしろそのほうが多いだろう。たとえば、『欽ドン！』に出演した前川清や中原理恵、『欽どこ』への出演で「北酒場」が大ヒットした細川たかしも立派なファミリーの一員である。要するに本業の如何によらず、笑いのことやテレビのことで萩本の薫陶を受けてきた人たちのことをそう呼ぶようになった。

厳密にいつから「欽ちゃんファミリー」と呼ばれ始めたのかは定かではない。だがたけしやさんまの場合よりも実態として先にあったことは確かだ。いまも若手芸人が先輩芸人を中心にグループをつくって「○○軍団」や「○○会」と名乗ることがあるが、そのような風習が一般化する先駆けは萩本欽一だったと言っていい。

†車だん吉と斉藤清六――師弟関係のなかで

欽ちゃん番組がいずれも視聴率三〇%を超えるヒットとなり萩本欽一が「視聴率一〇〇%男」と呼ばれたのは一九八〇年代。そのあたりから「欽ちゃんファミリー」という表現を少しずつ耳にするようになった。だが萩本のもとで修業し、テレビなどに出るようになったタレントはそれ以前からいた。

一番弟子の車だん吉は、コント55号時代からの縁である。萩本のアメリカ行きを思いとどまらせた一言は前にふれた。一九四三年生まれなので、萩本とそれほど年齢は離れていない。最初は同じコメディアンの左とん平に弟子入りしたが、やがて浅井企画に入社。そこでコント55号と出会った。コント55号の身の回りの世話をしつつ、自らも岩がん太とのコンビで「コント0番地」として活動した。

欽ちゃん番組でもおなじみだったが、最も有名なのは『お笑いマンガ道場』（中京テレビ。日本テレビ系）だろう。一九七六年から始まった大喜利形式のバラエティ番組。普通にお題に答えるのではなく、出演者がフリップに漫画を描いて答えるところがユニークだった。車だん吉やエバ、川島なお美といったタレントに加え、プロの漫画家である富永一朗や鈴木義司《よしじ》も回答者として出演。車は玄人はだしの画力で長く活躍した。

斉藤清六も忘れがたい。一九四八年生まれの団塊世代。『欽どこ』のところでもふれたようにとぼけた味は唯一無二で、広く愛されるタレントになった。フジテレビ『クイズ・ドレミファドン！』の出題者役、セイロクマンとしても親しまれた。

また度を越えた音痴でも有名。前に『オールスター家族対抗歌合戦』で音痴の芸能人が人気になったと書いたが、実は斉藤清六のことである。いまでもバラエティ番組で芸人による歌下手企画などがあるが、音痴を売りにしたはしりと言ってもいいだろう。

師匠である萩本欽一への献身的なエピソードも伝わっている。

萩本欽一は、『手』（一九六九年公開）という映画を撮っている。派手な大作ではなく、その対極にある自主制作映画である。いまは北野武（ビートたけし）をはじめ、芸人が映画を監督することはそれなりにあるが、当時はきわめて珍しかった。しかも製作、監督、主演、さらに音楽まで担当。主題歌「何処かにお前が」の作詞もした。売れないデザイナーが「手」と同居するというシュールな設定で、出演者は萩本とこの「手」だけ。それもあって脚本なしで撮影された（前掲『欽ちゃんつんのめり』二〇七頁）。

自主制作ということもあり、萩本は自ら映画館に足を運び、呼び込みをするなど宣伝に力を注いだ。ところが上映期間が終わってだいぶ後になり、萩本は意外な話を耳にする。斉藤清六が、誰にも頼まれていないのに、映画のポスターを貼った自製のベニヤ板を体にぶら下げたサンドイッチマン姿になって、銀座で毎日宣伝をしてくれていたというのである（前掲『「笑」ほど素敵な商売はない』二四八頁）。萩本自身にも知らせずやったところに斉藤の実直かつ師匠思いの人柄がうかがえるエピソードである。

†「クロ子とグレ子」、小堺一機と関根勤の「コサキン」コンビ登場

それに続く世代の代表格は、なんと言っても小堺一機《こさかいかずき》と関根勤の通称「コサキン」コンビだろう。いまも萩本欽一との絡みがなにかと多く、「欽ちゃんファミリー」のリーダー

格といったところだ。

一九五六年生まれの小堺一機は、専修大学在学中にＴＢＳの人気番組『ぎんざＮＯＷ！』の「しろうとコメディアン道場」で優勝。芸能界に足を踏み入れた。「しろうとコメディアン道場」は、素人がネタをやって五週勝ち抜けばチャンピオンとなる視聴者参加のお笑いコーナー。清水アキラ、竹中直人、柳沢慎吾など、後に芸能界で活躍する錚々たる面々が歴代チャンピオンに名を連ねる。実は関根勤は、このコーナーの初代チャンピオンだった。

小堺一機と言えば、まずは物まね芸。『北の国から』の田中邦衛、『古畑任三郎』の田村正和などは十八番。そして萩本欽一の物まねも得意ネタのひとつ。「ダメだよ〜」といった口ぐせを独特のイントネーションでまねるところなど、芸が細かい。両腕を振り子のように前で動かす「欽ちゃん歩き」や「欽ちゃん走り」を小堺のまねで知ったという若い世代は少なくないだろう。

また一九八四年にスタートし、お昼の人気番組となった『ライオンのいただきます』（フジテレビ系）の司会でも有名。ゲストが話すお題をサイコロで決める「サイコロトーク」は、「何が出るかな、何が出るかな♪」のフレーズとともに覚えているひとも多いはず。このサイコロトークのアイデアは、サラダ党のひとり、萩本欽一の将棋の相手を五年間務め続けた、あの鶴間政行によるものだ。

一方関根勤は、一九五三年生まれ。「しろうとコメディアン道場」を見た浅井良二に直々に口説かれ、日本大学在学中に浅井企画に入社。当初は「ラビット関根」が芸名だった。

命名者は桂三枝（現・六代目桂文枝）。関東と関西で一見直接のつながりはなさそうだが、関根は当時三枝がパーソナリティだったラジオ番組『ヤングタウンTOKYO』（TBSラジオ）の公開収録の前説をやっていた。その縁で三枝が付けてくれたのである。

ちょうどその年の干支がうさぎ。顔も少し似ているということで、「ラビット関根」となった。この話には続きがあって、本当は干支に合わせて翌年は「ドラゴン関根」、翌々年は「スネーク関根」と改名していくはずだったが、結局そうはならなかった（『Smart FLASH』二〇二二年八月二日付記事）。

ブレークのきっかけは、日本テレビ『カックラキン大放送!!』。このなかの人気コント「刑事ゴロンボ」で、野口五郎扮するゴロンボ刑事と対決する悪役として毎回登場。カマキリを模した珍妙な動きの「カマキリ拳法」で立ち向かうが、見掛け倒しでいつもあっさりやられてしまう。この意味不明さがウケて、知られるようになった。

まだ誰もしていなかった渋い名優・大滝秀治の物まねもそうだが、関根のマニアックな芸風はこの頃から変わっていない。目のつけどころが独特でユニークという点は、小堺一機とも共通する。

そして浅井企画の先輩・後輩の間柄だったこの二人が揃って脚光を浴びるときがやってくる。『欽ちゃんのどこまでやるの！』である。

二人は、舞台の裏方でよく見る黒子の装束で登場。と言っても、関根のほうはその通り黒ずくめだが、小堺のほうはグレー色。そこで付いたコンビ名が「クロ子とグレ子」だった。担当するのは、番組の「中説（なかせつ）」。やることは番組収録前にお客さんの空気をほぐす役目の前説と同じ。いわば番組の途中でやるフリートークである。

この役割を与えたのはむろん萩本欽一である。最初は二人とも本編に出ていたのだが、諸事情で役がなくなった。そこで萩本は、二人に「お前らの感覚分かんないから好きなことをしろ」と言った（『日刊スポーツ』二〇二二年八月一七日付記事）。

ちょっと面白い話である。小堺と関根はずぶの素人ではない。だが世代的には萩本と違い戦後生まれ。完全にテレビで育った世代である。物まねのレパートリーなどを見ても、その点は明らかだ。だから浅草の舞台で芸の基礎をつくった萩本とはルーツが違う。そのことを十分わかったうえで、二人のしたいようにさせたわけである。このあたりは、萩本欽一の柔軟性がうかがえる。

また、二人とも最初は素人でのテレビ出演からだったので、車だん吉や斉藤清六と違って萩本とは昔ながらの師弟関係ではない。「欽ちゃんファミリー」の持つゆるやかな結びつきというのが、ここによく表れている。

萩本欽一への深い尊敬の念があるのは大前提だが、出自という点では多種多様。素人が有名になるチャンスを得やすくなったテレビの変化もそこに感じられる。そしていうまでもなく、萩本自身が素人に対して大きくテレビの門戸を開いたパイオニアであったことが根本にあるだろう。

コサキンの二人は、素人的な感性をいい意味で保ち続けている。長寿人気番組となった二人のラジオ番組『コサキンDEワァオ!』(TBSラジオ)の目玉のひとつだった「似てない物まね」シリーズなどは、まさにそうだ。誰か思いついた芸能人の物まねをして、「似てねぇ〜」と二人で爆笑する。プロなら「似ている」ことが当たり前になるが、「似てない」ことも面白いと素直に言えるのが素人的な感性の強みであり、新しかった。

†「欽ちゃんファミリー」の女性たち

女性タレントでは、『欽ドン!』でふれた中原理恵などがまずあがる。同じ歌手での出演ということでは、『スター誕生!』出身で、『週刊欽曜日』の「欽ちゃんバンド」で活躍した清水由貴子も同様だ。俳優の志穂美悦子《しほみえつこ》、萬田久子、叶和貴子《かのうわきこ》なども欽ちゃん番組にレギュラー出演していた。『欽どこ』で妻役だった真屋順子はいうまでもない。

真屋は、『欽どこ』出演の頃、『赤い絆』というドラマで山口百恵に辛く当たる敵役、ほかに時代劇などでもいじめ役を演じていた。それを見た萩本欽一は、真屋を「日本一の良いお母さんにしてあげよう」と考える。そこから出てきたのが、のぞみ、かなえ、たまえの三つ子が生まれるというアイデアだった。裏には、「不幸な人は、運がたまっている」という独自の「運の法則」に基づく判断もあった（『SmaSTATION!!』トクベツキカク）。

当時は、バラエティ番組のレギュラーに俳優を起用すること自体がまだきわめて珍しかった。萩本が真屋を起用した理由は、俳優であるにもかかわらず「ブロマイドを見て、化粧してない珍しい人だと思った」からだった。後日この話を本人にしたところ、「失礼ね！　あれでも化粧してるのよ」と言われたそうだ（『スポーツニッポン』二〇一八年二月一六日付記事）。

一九七〇年代に一世を風靡したアイドルグループ、キャンディーズのメンバーだったスーちゃんこと田中好子も『欽どこ』に出演。田中はキャンディーズ解散を機に芸能界を引退していたが、この『欽どこ』で芸能界に復帰した。そのきっかけは、病気で入院していた実弟が田中の芸能界での活躍を見たいと望んだこと、そうしたなか萩本の著書『欽ちゃんつんのめり』を読んで感動し、萩本の自宅を約束もなしに訪問したことだった（『スポーツ報知』二〇一一年四月二二日付記事）。その後田中は俳優として、多くの作品で活躍することになる。

同じ俳優では、生田悦子もそうだ。『欽ドン！良い子・悪い子・普通の子』のコーナー「良いOL・悪いOL・普通のOL」に出演。「良い子・悪い子・普通の子」のOL版で、生田は良いOL役だった。普通のOLが松居直美、悪いOLが小柳みゆき（現・小柳友貴美）。三人とも、やはりお笑いという点では素人である。だが人気となり、イモ欽トリオと同様こちらも三人組で歌手デビューを果たした。グループ名は「よせなベトリオ」。デビュー曲の「大きな恋の物語」（一九八二年発売）は、オリコン週間シングルチャートの八位に入るヒットを記録した。

気仙沼ちゃん（阿部美千子）も忘れがたい。『欽ドン！』出演前は、まったくの素人。当時欽ドン劇団という劇団があり、そのオーディションに合格していきなり抜擢された。出演していたあいだも収録の度に実家のある宮城県気仙沼市から通い、言葉も東北弁そのまま。素朴で可愛らしい人柄もあって、瞬く間に人気者になった。萩本欽一の素人起用が見事にはまった例のひとつである。『欽ドン！』卒業後はすぐに地元に戻って普通のOLになった。現在は地元で民宿を経営している。

比較的最近では、はしのえみ（橋野恵美）の名があがるだろう。一九七三年生まれのはしのは萩本がプロデュースする欽ちゃん劇団の一期生だった。

一躍ブレークしたのは、TBSの情報番組『王様のブランチ』のリポーターとして。ユーモアがあり、安定したトーク力の持ち主であるはしのにリポーター役は適任。その部分も大きかったが、そこに「姫様」キャラを足したところがいかにも「欽ちゃんファミリー」である。

ティアラの付いた金髪の大きなかつらを被り、王族風のピンクのドレスを身にまといながら「姫」として買い物ロケをする。存在自体が場違いでお店のなかでは衣装が邪魔だったりするのだが、それが逆に面白い。それまでになかった発想で、はしのは知名度を上げた。以降、マルチタレントとして活躍の場を広げている。

†柳葉敏郎、勝俣州和、Take2ら若手男性タレントも

若手男性タレントからも、活躍する人材が生まれた。

髪を立てた短髪のツンツンヘアー、浅黒い顔、ずっと一年中短パン姿の勝俣州和《かつまたくにかず》はそのひとり。「ヨッシャー！」を縮めた「シャー！」という気合い入れの叫びが代名詞だ。バラエティタレントのイメージが強いが、元々は芸人ではない。

一九六五年生まれの勝俣は、まず路上パフォーマンス集団「劇男一世風靡」に入った。この選抜メンバーで結成されたのが一世風靡セピアで、「前略、道の上より」（一九八四年発売）などヒット曲も出て熱狂的なファンが多数いた。メンバーに哀川翔や柳葉敏郎がいたことでも有名だ。

その柳葉敏郎も「欽ちゃんファミリー」のひとりだ。俳優としてブレークする前に『欽ドン！良い子・悪い子・普通の子・おまけの子』（『良い子・悪い子・普通の子』のリニューアル版で一九八三年に始まった）に登場する先生三人バージョンコントの「良川先生」役で出演していた。

柳葉が出演に至った経緯については、ちょっとしたエピソードがある。

番組のオーディションがあった当日のこと。最終選考に残ったのは一〇人。萩本は全員を合格者発表前に突然帰宅させた。そして一時間後、事前の通知なしに全員の家に電話してつながった人間を合格にすると宣言する。そしてただ一人つながったのが、柳葉敏郎だった。萩本は、そういう強運の持ち主を探していたのだった（前掲『SmaSTATION!!』トクベツキカク）。柳葉は、歌手を目指して一八歳のときに『スター誕生！』を受けたこともある。残念ながら不合格だったのだが、いずれにしても萩本欽一と縁の深いひとりである。

勝俣州和は、一世風靡の先輩である哀川翔や柳葉敏郎とのエピソードをトーク番組で話すことがある。ただ勝俣自身は、一世風靡セピアのメンバーではなかった。

チャンスをつかんだのは、欽ちゃんの番組。一九八八年に始まった日本テレビ『欽きらリン530!!』だった。これは、視聴者が電話で投稿してきたネタをもとに進んでいくバラエティ。視聴者投稿をベースにするのは『欽ドン!』以来の手法である。ただ夕方五時半からの三〇分の帯番組で、生放送。その点は違っていた。

この番組のオーディションで、勝俣は選ばれた。同じ年代の若手男性タレントが集められた「茶々隊」というユニットのメンバーである。そして番組が始まるとこのユニットの人気も高まっていき、公開放送には多くの女性ファンが詰めかけ歓声も上がるようになった。

そこで茶々隊からさらにメンバーが選抜され、アイドルグループが結成される。グループ名は「CHA-CHA」。勝俣もメンバーのひとりとして、一躍脚光を浴びることになった。このあたりについては、後ほどまた詳しくみることにしよう。

もう一組、Take2もいる。深沢邦之と東貴博のお笑いコンビ。萩本欽一の主宰するコメディアン養成塾「欽塾」の出身で、その後欽ちゃん劇団在籍中に結成となった。

フジテレビの人気番組だった『タモリのボキャブラ天国』への出演などで有名だが、現在はそれぞれ個人での活動がメイン。「東MAX(アズマックス)」の愛称でも知られる東貴博のほうは、萩本欽一が最も尊敬する先輩である東八郎の次男である。幼い頃からお坊ちゃん育ちということで「下町のプリンス」を自称し、一万円札をハンカチ代わりにして汗を拭くギャグもおなじみだ。

†「聞いたらおしまい」の意味

ちょっとピックアップしただけでも、これだけのメンバーがいる「欽ちゃんファミリー」。では萩本欽一はどのように人材を発掘し、鍛えてきたのだろうか。

小堺一機が萩本の物まねをするときの定番のセリフに、「聞いたらおしまい」というものがある。実際によく萩本が言うらしい。どういう意味か。

たとえば、オーディションの面接で萩本が「あなたのお母さんは?」と尋ねる。どのようにも取れそうだが、それもそのはずあえて漠然とした質問をしているのである。するとたいていの人間は、「あの、母の何についてですか?」などと逆に質問を返してしまう（前掲『「笑」ほど素敵な商売はない』一五頁）。

萩本に言わせると、逆に質問するのは補足の説明を求めているからだ。つまり、質問の意図をすべて明確にしてからでないと答えられないと考えるから質問を返す。

そういう人間はコメディアンに向かない、と萩本は言う。そうしてしまうと遊びの余地がなくなり、笑いは生まれないからである。曖昧な質問をそのまま受け止め、なんでもいいから「先走りした答え」を返す少しおっちょこちょいなくらいの人間こそが、コメディアン向きなのだ（同書、一七頁）。その意味で、「聞いたらおしまい」なのである。

「あなたのお母さんは？」と問われれば、聞き返さずすぐに「はい、口やかましくて、お節介で、ウンザリするんですが、失恋してションボリしているときに一緒に泣いてくれるような母です」などと思いつくがままに答えればよい。もちろん正解はない。そして重要なのは、その後だ。

萩本は、そこで終わりにしない。「そんなこと聞いてないの。お母さんの年齢！」とさらに聞く。それでも返しかたは同じ。「五六、いや五七かな。あれ、たぶん、八まではいってません」「結局、いくつなの？」「この際、五五ってことで、ひとつよろしく。その方が母も喜びますから」「余計なこと言わなくていいの、年齢を聞いただけなんだから」（同書、一六頁）。

萩本欽一は、このようなやり取りこそがボケとツッコミの原型だと言う。答えはなんでもいい。もし質問に「五五歳です」などとスパッと答えてしまったら、「年齢ではなく、名前を聞いてるの！」などと萩本が切り返す。つまり、ツッコミである。こうして次々に半ば強引に質問の方向を変えて、相手を混乱に陥れる。だがそこで答えに窮してしまわず、その混乱のなかを上手に泳いでいくのがよいボケ役なのだ（同書、一七頁）。

そう。お気づきのように、コント55号の二郎さんとのやりとりがまさにこれだった。萩本は、二郎さんほどの経験やテクニックはなくとも自然にボケとツッコミの流れに持っていける資質があるかどうかをオーディションで見定めていたのである。

†木村拓哉も〝合格〟だった

厳密には「欽ちゃんファミリー」かどうかはわからないが、この萩本流面接で〝合格〟したのが元SMAPの木村拓哉である。

SMAPとしてCDデビューする前、まだ十代だった木村が欽ちゃんの番組のオーディションを受けたことがあった。このとき萩本がした質問は、「好きな食べ物は何？」というもの。これもどのようにでも答えられそうな曖昧な質問である。すると木村は、「お母さんがつくったおいなりさん」と答えた（『Techinsight』二〇一二年一月一五日付記事）。

萩本は、この答えにいたく感心した。まだ若いのに格好をつけて「パスタ」などと言わず「おいなりさん」と答えたところ、さらに「お母さんがつくった」と付け加えたところがなんとも良い。確かに、この答えには「それはどんなおいなりさん？」とか「なんでお母さんがつくったのでないとダメなの？」とかすぐいろいろツッコミたくなる。

「この子は将来絶対スターになる」と、このとき萩本は確信したという。当然オーディションは合格した。だがこれには後日談もあって、木村拓哉は「おいなりくん」と萩本に呼ばれる意味がわからずレッスンにいかなくなり、結局番組には出演しなかった（同記事）。

ここからわかるのは、萩本の目利き力はコメディアンのみならずアイドルにも通用するものだったということだ。そして実際、萩本欽一は、アイドルプロデューサーとしても驚異的な手腕を発揮した。

2 アイドルプロデューサーとしての成功

†つんく♂や秋元康よりも早くアイドルプロデュースで成功

「アイドルプロデューサー」と聞いて、誰を思い浮かべるだろうか。モーニング娘。をプロデュースしたつんく♂、あるいはＡＫＢ48や乃木坂46をプロデュースした秋元康。そのあたりの名前を答えるひとがきっと多いに違いない。

だがつんく♂や秋元康よりもいち早く、アイドルプロデューサーとして大成功を収めたのが、ほかならぬ萩本欽一だった。ではミュージシャンでも作詞家でもなかった萩本が、なぜアイドルプロデューサーとして成功できたのか。

アイドルプロデューサーの先駆けとなったのが、作詞家で『スター誕生！』の審査員でもあった阿久悠である。

代表的なのは、爆発的ブームを巻き起こしたピンク・レディー。「非日常性のエンターテインメント」「歌のアニメーション化」というトータルコンセプトを考え、プロ野球の女性投手を主人公にした「サウスポー」や宇宙人との恋愛を歌った「ＵＦＯ」などファンタジー色の濃い歌詞と大胆な振り付けで、従来にない斬新な曲を歌い踊らせた（阿久悠『夢を食った男たち』二〇八頁）。

その阿久は、『スター誕生！』の審査にあたり、「できるだけ下手を選びましょう」と他の審査員に提案した。歌の技術の巧拙ではなく、「未熟でも、何か感じるところのあるひと」を選ぼうとしたのである（同書、四三頁）。

それは、歌の上手さが歌手にとって絶対的な基準だった当時にあっては、画期的な考えかただった。テレビ時代が到来するなか、未熟であるがゆえに醸し出される親近感が歌手になるための新たな条件になる。そして『スター誕生！』出身のそうした若い歌手たちは、桜田淳子や山口百恵をはじめとして「アイドル」と呼ばれるようになる。

素人ならではの魅力を持つ人材の発掘は、繰り返すまでもなく萩本が最も得意とするところである。しかもコメディアンである萩本欽一には、自分のバラエティ番組を企画して出演もするという、ほかにはない強みがあった。番組の設定を考え、直接素人の魅力や個性を引き出すことができる。そしてそこで練り上げられたイメージを活用して、出演者を歌手デビューさせる。後年、島田紳助が『クイズ！ヘキサゴンII』から羞恥心やPaboをデビューさせたのも、まったく同じ手法だ。そのパイオニアこそが、萩本欽一だった。

†イモ欽トリオ「ハイスクールララバイ」の記録的ヒット

最初の成功例となったのが、イモ欽トリオである。

メンバーは、山口良一、西山浩司、長江健次の三人。前章でもふれたが、山口は「劇団東京ヴォードヴィルショー」の若手俳優、西山は『スター誕生！』の「欽ちゃんコーナー」で見出されたタレント、長江に至っては、素人時代に演芸番組などへの出演経験はあったもののプロとしてはまったくの新人。いずれにしても、笑いだけでなく歌という点でも全員素人だった。

デビュー曲は、一九八一年八月発売の「ハイスクールララバイ」。男子生徒の純情な片思いを綴った歌詞は、当時松田聖子などの詞を手がけヒットメーカーの名をほしいままにしていた松本隆によるもの。むろん設定は、『欽ドン！』のコントで三人が学生服を着た高校生役だったことをベースにしている。

それだけならよくある甘酸っぱい恋を歌った青春ソングだ。だが斬新だったのは、曲調である。

作曲は細野晴臣。松本と細野はかつてはっぴいえんどという伝説的なロックバンドのメンバーだったが、すでにはっぴいえんどは解散し、それぞれの道を歩んでいた。そしてこのとき細野が組んでいたのがYMOである。高橋幸宏、坂本龍一、そして細野の三人からなるYMOは、当時日本のみならず世界中で旋風を巻き起こしていた。無機的な電子音をベースにしたテクノサウンドは、ポピュラー音楽の常識を打ち破るセンセーショナルなものとして熱狂的に受け入れられた。

「ハイスクールララバイ」もテクノポップ。そのこと自体、とても新鮮だった。世界の最先端を行くサウンドでつくられた楽曲を音楽とは無縁なお茶の間の人気者が歌う。YMOは流行に敏感な若者にはすでに大人気だったが、茶の間でテレビを見ている大人や小さな子どもにとってはまだ耳慣れないものだった。それがいきなり茶の間のテレビから流れてきたのだから、そのギャップがまず視聴者の興味を惹きつけた。

細野の起用については、松本隆の助言もあったようだ。まず歌を出す話はレコード会社を通して松本のところに来た。では作曲は誰に頼むかということになり、松本はしばらくぶりに一緒にやりたいと細野を推薦。そして細野には軽い気持ちでこう言った。「とにかく学園ソングが作りたい、で、サウンドはＹＭＯでいいんじゃないか（笑）」（コイデヒロカズ編『テクノ歌謡マニアクス』五七〜五八頁）。

バラエティ番組らしい遊び心も加わった。まず「イモ欽トリオ」というグループ名。これは歌手デビューにあたって付いたものである。「イモ」をローマ字表記にすると「ＩＭＯ」、そう「ＹＭＯ」のパロディになっている。そのあたりは細野晴臣も心得たもので、イントロはＹＭＯの代表曲「ライディーン」を彷彿とさせるメロディになっている。

三人のパフォーマンスでは、いまで言うエアバンドの要素が盛り込まれていた。実際に楽器を弾かず、曲に合わせて弾いているような振りをする。

イントロのメロディに合わせて、山口良一と西山浩司が向かい合わせになってそれぞれキーボードとドラムを演奏しているまねをする。その途中に打楽器の音が入る。すると山口は西山の頬をビンタする振りをする。それに合わせた西山のビンタされたリアクションも絶妙だったのだが、これはレコーディングの際、山口と西山が手持無沙汰なのにまかせて遊びでやっていたのがそのまま採用されたものだった（『昭和40年男』三五頁）。

こうして、お茶の間向けバラエティと最先端のテクノサウンドを融合させた、それまでのテレビから流れる歌謡曲とは一線を画す曲とパフォーマンスが生まれた。番組人気との相乗効果もあり、曲は大ヒット。オリコン週間シングルチャート七週連続一位、累計売上一六〇万枚を記録。音楽ランキング番組『ザ・ベストテン』では八週連続一位に。いずれも驚異的記録である。イモ欽トリオの三人は瞬く間にトップアイドルに躍り出た。

相乗効果をもたらす〝番組優先主義〟

ここに萩本欽一は、どうかかわったのだろうか。むろん、出演時の三人のキャラクターがベースなので、番組の企画者である萩本の承諾なしに歌手デビューは実現しない。最初レコード会社からのオファーは、長江健次のソロデビューという話だった。当時長江は一七歳になったばかり。コントの際、セットの居間から出ていくときに発する「な！」というセリフがウケていた（「ハイスクールララバイ」もセリフ入りで、この「な！」が使われている）。見た目も童顔で可愛らしく、一番アイドル的な人気があった。

だが萩本は首を縦に振らなかった。「一人はまずい。やるなら三人だね」と返答した（同誌、三二～三三頁）。

ここにも〝番組優先主義〟の考えかたが表れている。個人の人気という点では長江が突出していたかもしれないが、ソロデビューになってしまえば三人のバランスが崩れる。それはひいては、コント、そして番組全体のバランスの崩壊につながる。

そうした折、別のレコード会社から新たにオファーがあった。フォーライフレコードからである。今度は「三人で」という話だった。それでも最初は断っていたのだが、あまりに熱心だったので根負けした（同誌、三三頁）。

曲のヒットは、番組にも多大な恩恵をもたらした。「ハイスクールララバイ」がオリコンシングルチャート一位を獲得した翌週に、『欽ドン！』は初めて視聴率三〇％の大台を突破した。歌番組でイモ欽トリオを見てファンになった若い世代にも、番組を見るひとが増えたのである。

バラエティ番組の出演者が出すレコードを「企画もの」と呼んだりするが、その言いかたにはちょっとした軽いお遊び、つまり本気ではないというニュアンスが込められている。だが「ハイスクールララバイ」は、「企画もの」でありながらその域をはるかに超えていた。

松本隆や細野晴臣といった一流の音楽スタッフがかかわったということもあるが、元をただせば萩本欽一の〝番組優先主義〟が、単なる曲のヒットだけで終わらせない相乗効果を生んでいた。その点がまず、萩本のアイドルプロデューサーとしての特色だろう。

†世の中を惹きつけた「新童謡」――わらべ「めだかの兄妹」

『欽ちゃんのどこまでやるの！』から生まれたユニットのわらべも同じだった。萩本一家の三つ子の姉妹であるのぞみ、かなえ、たまえ。誕生時からの成長が描かれるのだが、いよいよ高校生になった。演じたのは高部知子、倉沢淳美、高橋真美。この三人がユニットとして歌手デビューし、わらべとなる。三人組、さらに番組の役柄のままデビューしている点はイモ欽トリオとまったく同じである。

ユニット名の「わらべ」は、萩本欽一による命名だった。「笑うべ」、そして「童」の二つをかけたもの（長田暁二『昭和の童謡アラカルト［戦後篇］』二五〇頁）。ホームドラマ風バラエティのなかの萩本家の娘たちなので、「笑い」と「子ども」というわけだ。

そしてデビュー曲となったのが、一九八二年一二月発売の「めだかの兄妹」である。タイトルからは、「めだかの学校」がパッと思い浮かぶ。実際、「めだかの兄妹が川の中大きくなったら何になる♪」という荒木とよひさの詞から始まるこの曲は、「スイスイスイスイ♪」というサビの可愛らしいフレーズといいゆったりしたリズムといい、歌謡曲というよりは童謡と呼んだほうがしっくりくる。

このコンセプトは、萩本欽一が狙ったものだった。萩本は、『スター誕生！』での共演以来旧知の仲だった作曲家の三木たかしに直々にこう頼んだ。「最近、兄妹をテーマにしたほのぼのとした歌が全くないので、そんな歌を作ってほしい」（同書、二五一頁）。

これが『欽どこ』のホームドラマ的コンセプトを踏まえた依頼であることはいうまでもないだろう。編曲は、細野晴臣と同じＹＭＯのメンバーだった坂本龍一。坂本が一週間苦しんだというのもうなずける。ＹＭＯのテクノポップは、童謡とは対極にあるようなものだったからだ。だが出来上がったアレンジは見事で、童謡の雰囲気をベースにしつつ電子音によるＹＭＯらしさもちゃんとある。「新童謡」とも称された（同書、二五一頁）。

番組で歌う際のシチュエーションも計算されていた。わらべの三人が「めだかの兄妹」を歌うのは、毎回萩本家が夜就寝する前。番組のエンディングのところである。みなパジャマ、時にはちゃんちゃんこを羽織っている。そしてダンスというよりはお遊戯のような、老いも若きも誰にもできそうな振り付けで萩本家が揃って「スイスイ　スイスイ♪」とやる。これを「ほのぼの」と言わずしてなんと言おう。

まずレコード発売前に番組で披露されたのだが、瞬く間に大反響を呼んだ。楽譜が欲しいという問い合わせが番組宛てに殺到。急きょ発売日が前倒しになったほどだった。そして発売されるや三カ月でレコード売り上げ七〇万枚を記録するなど、当然のごとく大ヒット。わらべは『ザ・ベストテン』などの人気音楽番組にも度々出演。トップアイドルの仲間入りを果たした。

ただ、たまえ役の高橋真美は、物足りなさを感じていたという。当時の女性アイドルと言えば、松田聖子に代表されるように華やかなフリフリのドレスを着て歌うイメージ。ところが自分たちはパジャマにちゃんちゃんこという究極の地味な装い。曲も甘酸っぱい恋を歌うようなアイドルソングではなく童謡風。最初はヒットするかも半信半疑だった。だが萩本欽一は、「これはすごいことになる」と妙に自信たっぷりだったという。その〝予言〟は当たったわけである（前掲『昭和40年男』四五頁）。

†萩本欽一はテレビにとっての歌の力を知っていた

イモ欽トリオとわらべを並べてみると、アイドルプロデューサーとしての萩本欽一の特徴もよりはっきりと見えてくる。

楽曲という点では、時代の最先端を行くテクノポップのイモ欽トリオと、郷愁を誘うような童謡テイストのわらべは対照的だ。

しかし、テレビで人気を得るために絶対に必要な親しみやすさという点は共通する。萩本欽一は、それを『欽ドン！』と『欽どこ』それぞれの番組に合わせて演出した。学生という設定のイモ欽トリオでは、アイドル的な長江健次をセンターに、その両脇をコミカルな味わいを出せる山口良一と西山浩司で固め、学園ドラマ的な親近感を醸し出した。またわらべでは、ホームドラマ的なテイストに合わせてどこにでもある平和な家庭の象徴として三人の素朴なパジャマ姿があった。

親しみやすさ自体どんなアイドルにも必要な要素だが、それを萩本は従来のアイドルの既成概念にとらわれず思い切ったかたちで演出した。音楽のプロではないがテレビのプロだからこそできた柔軟な発想の賜物であり、また元々萩本のなかにあった新しいことに躊躇しない一面が発揮された結果でもあっただろう。

『欽ドン！』『欽どこ』に続いて『週刊欽曜日』からも、新しいアイドルが生まれた。風見慎吾である。

やはり一世風靡に所属していた風見慎吾は、これが最初のテレビ出演。そしてある日、萩本欽一から歌手デビューを言い渡される。あわててボイストレーニングに通おうとしたら、「唄えとは言ったけれど、上手に唄えとは一言も言っていない」と萩本に止められた（同誌、五〇頁）。このあたりは、『スター誕生！』の阿久悠の「下手を選びましょう」という言葉を思い出させる。

そして吉田拓郎（風見と同じ広島県出身だった）作曲による「僕笑っちゃいます」（一九八三年五月発売）でデビュー。これが売り上げ三〇万枚を超えるヒットとなった。整った風貌、ちょっとやんちゃそうな雰囲気も相まって風見は一躍人気アイドルになった。さらに「涙のtake a chance」（一九八四年一二月発売）では切れ味鋭いブレイクダンスを披露。日本にその存在を知らしめたパイオニア的存在となった。

風見慎吾は、イモ欽トリオやわらべと違い、いわゆる正統派のアイドルに近い。見た目もダンスもかっこよく、ファンも十代の女性が圧倒的に多かった。風見慎吾本人として人気があり、番組でのキャラクターがベースになっていたほかの二組とは異なっていた。

ただそれは、『週刊欽曜日』自体が「欽ちゃんバンド」など音楽を中心にしたバラエティだったからでもあるだろう。風見慎吾は欽ちゃんバンドではベースの担当。コント的パートもあったが、最終的には全員で演奏することがメインだった。

風見は、ある回の欽ちゃんバンドでなんとなく流してしまったことがあった。それに気づいた萩本は、収録後烈火のごとく怒った。「お前に面白いことなんて誰も期待してない。できないながらも一生懸命やっているところを見てもらうのが大事なんだ」(同誌、四九頁)。

欽ちゃんバンドは、出演者全員が触ったこともない楽器を担当する。当然上手ではないし、失敗もする。だがそれでもあきらめず、なんとか合奏できるところまでみんなで努力するところが見どころだった。そこを萩本は指摘したわけである。そして未熟ながらも一生懸命やっている姿は、視聴者に自然と身近さを感じさせる。『週刊欽曜日』は、その点アイドルが生まれるのに適した場になっていた。その象徴が風見慎吾だったのである。

こうして「視聴率一〇〇%男」時代を代表する番組から三者三様のアイドルが誕生した。

「視聴率一〇〇％」の原動力として、歌の力は思った以上に大きかった。『ザ・ベストテン』や『夜のヒットスタジオ』など人気音楽番組が健在だった時代に、萩本欽一は歌の存在が番組にもたらす絶大な波及効果をよく知っていた。

†「やさしい笑い」の教え

萩本欽一のアイドルプロデュースの歴史は続く。一九八八年に男性アイドルグループのCHA-CHAがデビュー。やはりヒット曲も生まれ、人気を集めた。

このCHA-CHAも番組発のアイドル。前に書いた通り、一九八八年開始の日本テレビ『欽きらリン530!!』から誕生した。勝俣州和をはじめ、五人組の男性グループである。萩本プロデュースとしては、歌って踊れるグループアイドルはこれが初だった。そして番組では全員がコントにも出演。つまり、「歌って踊れてお笑いもできるアイドルグループ」だった。

このフレーズで、SMAPを連想するひともいるだろう。SMAPもまた、歌手でありながらお笑いも本格的にこなすアイドルグループとして芸能史に残る大ブレークを果たした。同じ路線で人気を得たCHA-CHAは、SMAPの先達と言えた。

実は後にSMAPとなる面々も、『欽きらリン530!!』のオーディションを受けていた。先ほど述べた木村拓哉のオーディション時のエピソードは、この番組でのものである。そしてもうひとり、草彅剛も同じオーディションを受けて合格していた。木村と草彅は、CHA-CHAの前身となる「茶々隊」のメンバーでもあった。

草彅は番組にも出演している。だが同じ頃にSMAPが結成され、二人がCHA-CHAに参加することはなかった。またとりわけバラエティでの才能が光った勝俣には、当時中居正広も憧れていたと明かす（『日刊スポーツ』二〇二三年八月一二日付記事）。

そして萩本欽一との縁という点では、香取慎吾も深い。若き香取のバラエティ適性をいち早く見抜いたのは、ほかならぬ萩本だった。

一九九四年に始まったフジテレビ『よ！大将みっけ』に当時一七歳の香取慎吾を抜擢。オーディションで香取の反応の早さ、そして年上の人間にも物怖じせずぐいぐい来るが決して不快にさせないバランス感覚に萩本は驚嘆した。ほかにラサール石井や関根勤といったベテラン芸人もいるなかで、香取は萩本から信頼され、たびたび大切な役割を振られるような存在になっていた。

香取慎吾のほうも、この時以来萩本欽一をバラエティの師匠的存在としてリスペクトするようになる。共演も頻繁になった。その絆の深さは、現在は二人で司会を務める『欽ちゃん&香取慎吾の全日本仮装大賞』でも一目瞭然だろう。

このように見ると、グループとして番組で共演したわけではないが、萩本欽一が作り上げたテレビバラエティの基盤を最も正統に受け継いだのはSMAPだったという見立ても満更外れてはいないように思えてくる。

一九八〇年代の漫才ブーム以降、ビートたけしの「毒ガスギャグ」など毒のある笑いが旬になっていったなかで、どの世代にも満遍なく受け入れられる欽ちゃんの笑いは人畜無害でつまらないもののように見られ、影が薄くなった。だがそのなかで、SMAPが一九九〇年代以降『SMAP×SMAP』（フジテレビ系）などで見せてくれた笑いは、むしろ欽ちゃん番組の笑いに近かった。

それは「やさしい笑い」と表現できるかもしれない。かつて萩本は、勝俣州和にこう言ったという。「お笑いに必要なのはやさしさだ」「お前は面白い人になるんじゃなく、やさしい人になれ」「誰かを傷つけて笑いをとったとしても、それは本当の笑いじゃない」「やさしい人がお笑いをやれば、人の心はきっと温かくなるものだから」「だから見る人の何十倍もやさしい人間にならなきゃいけない」（前掲『昭和40年男』六〇頁）。

3　野球をエンターテインメントに——茨城ゴールデンゴールズの挑戦

†「欽督」になった萩本欽一

平成に入って二〇〇〇年代、萩本欽一のプロデュース力は、思いもかけない分野で発揮されることになった。野球である。

二〇〇五年、すでに六〇代に入っていた萩本は野球チーム「茨城ゴールデンゴールズ」を創設する。企業がつくる実業団チームとは違うが、ただ趣味で楽しむような純然たるアマチュアチームでもない。野球経験者を集めた社会人クラブチームである。元プロ野球の選手もいる。これまで全日本クラブ野球選手権大会で三回優勝するなどれっきとした強豪チームだ。

そんな本格的な野球チームで萩本欽一はなにをやるのか。単なるオーナーではなかった。ちゃんとユニフォームを身につけ、試合ではベンチにも入る。いわゆる監督である。ただし、野球については素人。他の監督のようにサインを出したりして采配を振るうわけではない。萩本は「監督」をもじって自分を「欽督」と呼ばせた。

「欽督」が話題になったのは、親善試合のときなどにおこなうマイクパフォーマンス。「この回、茨城ゴールデンゴールズは〇点に終わりました」と場内アナウンスがあれば、「おい、そんなことを言うんじゃないよ」とすかさずツッコんだり、試合後には見に来てくれた観客とユーモアたっぷりにやり取りしてみたり。こうしたことが恒例になっていた。また親善試合などではエキシビション的に自分が打席に立ち、打つと「欽ちゃん走り」で一塁に向かい、観客席を沸かせることも。

つまり、野球も立派なエンタメということだ。野球の試合で表に出るのはあくまで選手だが、お客さんを盛り上げるプロとして「欽督」もまた表に立つ。一風変わった〝プレイングマネージャー〟といったところである。当然、背番号はコント55号の「55」であった。

†なぜ野球だったのか

そもそもなぜ野球だったのだろうか。

まずは、萩本欽一本人が世代的にも大の野球好きということがある。

結局レギュラーになれずじまいだったが、中学時代の萩本少年が野球部に所属していたことは前に書いた通りだ。一九五〇年代中盤、ちょうどテレビの放送も始まり野球中継が人気になろうとしていた頃である。その後、長嶋茂雄や王貞治がジャイアンツに入団。ONコンビとしてスーパースターになっていくとともに、野球は国民的スポーツになった。

コント55号の名前の由来がその王貞治が記録した一シーズンホームラン五五本という日本記録（当時）だったことを思い出しても、世の中の隅々に野球の存在が浸透していった時代だった。ほとんど毎晩ゴールデンタイムにジャイアンツ戦の生中継があるのが昭和のテレビの風景である。人気タレントになった萩本欽一も、その頃から王貞治など有名選手との交流があったようだ。

だが二〇〇〇年代になり、プロ野球界はオリックスと近鉄の合併、そこに端を発した史上初のストライキなどで大きく揺れていた。一方、アメリカのメジャーリーグでは渡米したイチローや松井秀喜が活躍していた。そこで日本の野球をもう一度元気にしようと萩本は一念発起。茨城ゴールデンゴールズ創設につながった。「いや、そここそ、運のたまっている場所だ」というあの「運の法則」も背中を後押しした（萩本欽一『野球愛』五頁）。

加えて萩本は、同じ野球でも普段あまり日の当たらないところに昔から目を向けていた。そこには萩本が求める感動があったからである。

「もう一つの甲子園」と呼ばれる野球の全国大会がある。正式名称は「全国高等学校定時制通信制軟式野球大会」、つまり全日制ではなく定時制や通信制の高校球児が参加する大会である。一九五四年が第一回、開催場所は東京の神宮球場。

一九七〇年代、偶然この大会のことを知り応援したいと考えた萩本欽一は、『欽どこ』のなかで毎年その様子を取り上げるようになった。球場に駆けつけたこともある。そのおかげもあって大会の存在が全国的に知られ、多くのファンが詰めかけるようにもなった。

定時制や通信制の高校ということもあり、野球部の数自体多くはない。なかには試合をするために必要な人数が足りず、部員集めに苦労するところもある。

萩本によれば、大会本番でこんなこともあった。「九人しかいないチームの一人が骨折しちゃった。『もういいよ』って周りが言っても、首を縦に振らない。仲間に抱えられ、ケンケンしながら二塁の守備位置について。相手もそこには打ってこないんだな。試合は負けて、その子は救急車。みんなが拍手して見送った。泣けたね」（『朝日新聞』二〇一七年一二月二七日付記事）。

茨城ゴールデンゴールズでも、同じく野球への思いの強さが重視される。その結果、野球のセオリーからはみ出すこともあるかもしれない。だがそれが往々にして劇的な展開や感動を呼ぶ。欽督・萩本欽一は、その演出のためにいる。

このあたりのスタンスは、イモ欽トリオやわらべのようなアイドルプロデュースにも重なる。要望は伝えるものの、楽曲制作などに関してはその道のプロに委ねる。ただアイドルとその歌を番組というフィールドのなかでどう生かすかは、萩本の領分だ。

茨城ゴールデンゴールズも同様だ。試合中の作戦や技術的なことはすべて元プロ野球選手のコーチに任せる。欽督は、選手がいかにすれば試合で輝けるかに腐心する。そのためのアドバイスやアイデアは惜しまない。

試合といえども興行である。勝負にこだわる一方で、お金を取って見てもらうからにはお客さんを楽しませなければならない。萩本は、試合という興行の演出家としてその責任を負う。土台にあるのは笑い、つまりエンターテインメントだ。試合はむろん真剣勝負だが、時にはそれをいったん脇に置いてでもエンターテインメントを追求する。その思いが、実は勝負にも良い影響をもたらす。真剣勝負とエンターテインメントの両立。それが欽督に課せられた使命である。

†選手にコメディアン流の「ため」と「間」を伝授

実際萩本欽一は、コメディアンの目線で選手たちにアドバイスを送ることもあった。

選手が練習をしている。野球は素人の萩本は「なんの練習してるの？」と素朴に聞く。するとと「はい、強い球を打つ練習です」という答えが。だが結果が出ない。そこで「ぶんぶん振り回して打つ練習するより、バットに当てる練習したほうがいいんじゃないの？打てないときはもっと小さな成功を求めて、まずバットに当ててショートライナーだけ打ってみれば」と助言した。するとその選手が次の試合でセンターオーバーの二塁打を打った（前掲『なんでそーなるの！』二四二〜二四三頁）。

肩に力が入りすぎた選手をリラックスさせるアドバイスである。「小さな成功」というのが面白い。浅草修業時代から失敗を繰り返すなかで少しずつ前に進んできた萩本欽一らしい表現だ。

コメディアンという仕事そのものに照らしてみて気づいたこともあった。準備体操でも、ラジオ体操のように両手や両足を一緒に動かしている。これを一生懸命していると、逆に「間」が悪くなる。それが萩本の持論だった。というのも、コメディアン修業では、手も足も一本ずつばらばらに動くよう鍛えられた経験があるからだ。だからコメディアンは、器用に身体を動かすことができるようになる（同書、二四三頁）。

そこである日、「ため」がないように見える選手をひとり呼んでこう言った。「お前には〝ため〟がない。今から俺がコメディアンの〝ため〟を直接伝授する。お前をコメディアンに仕立てるから、あとは自分でそれを野球に活かせ」（同書、二四四頁）。

こうしてその日一日特訓した萩本は、その選手に一万円あげた。逆だと思うかもしれないが、そうではない。自分のような野球の素人の言うことを聞いてくれたお礼である。この辺はいかにもシャレが利いていると同時に、欽督の立ち位置をわかりやすく物語っている。そしてなんと、その選手は次の試合でホームランを打った（同書、二四四頁）。

†選手の「運」を見極める

こうしたアドバイスはまだ野球に関係があるが、一見野球とは無関係そうな仕事もあった。それは、選手の「運」を見極めることである。

公式戦だと萩本欽一は、試合中もベンチの外にいることが多い。試合運びなど普通の監督のやる仕事は、元プロ野球選手などに任せておけばよい。

ただ、ひとつだけやることがある。今日の試合でどの選手が活躍するかを見極めることである。「そろそろあいつが運を使いそうだ」と思ったら、コーチにその選手が先頭バッターのときや塁に出たときに呼ぶように前もって伝えておく。そうなったら、ベンチに戻るのである。そしてその選手が活躍して本当に点が入る。そういうことが重なると、戻ってくる欽督を見るだけで選手のほうも「俺に運がきてるんだな」と思うようになる。「一種の演出というか、選手を自己暗示にかける」わけである（同書、二四七頁）。

萩本は、ただの直感で選手の「運」を判断しているわけではない。「運が開くときって、なにか背景もある」。たとえば、母の日に試合前母親のところへわざわざ行ってきたという選手がいたら、「よし、今日はお前で勝つ」と萩本は断言する。するとその選手の打点で試合に勝ってしまう。このように選手の運を見極め、なおかつそれを活かすのが欽督の仕事なのである。

この例のように、運を発揮できるようにするための準備は、選手が自分で整えるものでもある。そのためには、普段から言葉を磨くことだと萩本は言う。

たとえば、野次ひとつとっても、「お〜ら、お〜ら、うちのピッチャーは打てねぇぞ！」のような荒っぽい言葉遣いはさせない。相手を攻撃するだけの言葉は観客が聞いても気持ちよくはない。野次を飛ばすなら、品のいい野次を飛ばせと萩本は選手に命じた。たとえば、「うちのピッチャーはいいんでございますよ〜」などと「ございます」をつけるのだ（同書、二五三頁）。

これにはさすがに選手も面食らったのだろう。ほとんどの選手はベンチで静かになってしまった。だが萩本は譲らない。ホームインした選手には観客席に向かって「ただいま〜」と一礼させる。そうすると観客から「おかえり〜」と返事が来る（同書、二五三頁。前掲『野球愛』九四〜九五頁）。こうした小さな積み重ねが運を上向きにさせるのだ。

ここまでも度々ふれてきたが、萩本欽一の持論である「運の法則」については最後のところで詳しくふれたい。ただここで一言だけ付け加えておくなら、野球は運というものの存在を最もわかりやすく実感させてくれる面がある。

ヒット性の当たりが相手のファインプレーでアウトになることもあれば、当たりそこないの打球がヒットになることもある。いずれも運が大きく絡んでいるように感じられる。もちろんプロの選手やコーチにしてみれば、それも技術次第ということになるだろう。だから人一倍練習をする。

萩本も努力を否定しているわけではない。むしろ逆である。居残り練習を率先してやるなど日頃のおこないが運を引き寄せる。そうした努力と運がきっちりつながりそうな瞬間を萩本欽一はじっと目を凝らしてとらえようとしているのだ。そうして自分と選手が協力して印象的な場面を紡ぎ、ひとつの物語を完成に導くことが優勝という大きな成果へとつながると萩本は言う（前掲『野球愛』一六頁）。

†「昭和」をプロデュースした萩本欽一

ここまでプロデューサー・萩本欽一の足跡をたどってきた。むろんその間にはアイドルや選手が起こしたスキャンダルや不祥事によって大きな窮地に陥り、萩本自身苦悶し、その対応に追われたこともあった。しかしそれでも、それぞれのプロジェクトは続いた。

ここで思うのは、萩本欽一が提供しようとした娯楽がそれだけ時代のニーズに深く応えていたということ、その意味で「昭和」のプロデューサーでもあったということだ。

萩本にとって、イモ欽トリオ、わらべ、風見慎吾、CHA-CHA などアイドルのプロデュースは、素人をテレビの主役にしたバラエティの仕事の延長線上にあった。それこそは、まさに私たちが楽しんだ「昭和」のテレビだった。

野球もまた然り。茨城ゴールデンゴールズの選手たちは野球の素人ではない。この場合は、萩本自身がコメディアンでもある「欽督」として素人目線で現場にかかわっていく。そこにプロ野球などでは起こり得ないような発想が生まれ、笑いや感動につながっていく。それは、音楽のプロではない萩本がアイドルプロデュースにかかわったのと一緒である。

ただ茨城ゴールデンゴールズのプロジェクトが始まったのは、すでに平成に入った二〇〇〇年代。そのなかには時代のずれも出てくる。しかし萩本欽一は、そうなったとき「昭和」をまるごと置き去りにするのではなく、ベースになる部分は守り通そうとする。「昭和」は「昭和」のままに保ちながら、そこに新たな息吹をもたらそうとする。

茨城ゴールデンゴールズでの片岡安祐美《かたおかあゆみ》の存在は、その意味でとても大切だ。

プロ野球や高校野球の公式戦で、男性に混ざって女性が選手としてプレーすることはできない。女子選手によるプロ野球をつくる動きはあるが、まだ軌道に乗ったとは言えない。そう考えると、茨城ゴールデンゴールズに片岡安祐美が入団したのは画期的なことだった。

元々片岡は高校時代男子選手に混じってプレーしたが、高野連の規定で公式戦には出られなかった。そして女子野球で活躍。日本代表にも選出され、世界大会でプレーした。

二〇〇五年、茨城ゴールデンゴールズに選手として所属。女性選手は一人だけ。それだけでも注目される存在だった。片岡をスカウトしたのは、ほかならぬ萩本欽一である。このとき、片岡の目がキラキラしているのを見た萩本は、「こんな目を見たのはキムタク以来だ」という殺し文句で勧誘した（『Number Web』二〇二二年九月一七日付記事）。

ところが、さらに予想を超えた展開が起こる。萩本欽一が二〇一〇年一二月をもって監督勇退を表明。自らの後任として片岡安祐美を指名したのである。しかも本人より先にマスコミの前で発表したため、断るに断れなかった。片岡二四歳のときである。

萩本は、片岡に「選手から可愛がられる監督になりなさい」というアドバイスを送った。その意図するところは、「みんなに助けてもらえる監督」ということだったが、どんと構えて泰然自若としているのが監督というもののイメージだった片岡にはその真意がつかめなかった。そのためひとりでいろいろと悩んだりもしたが、切羽詰まって選手たちに窮状を訴え全面協力を得ることができた。そして監督就任四年目にして、全日本クラブ野球選手権大会で優勝を果たす（同記事）。

昭和の価値観を引きずる野球においては、女性が男性とともに野球をプレーすることはまだまだ歓迎されないところがある。そうしたなか、萩本欽一が選手として片岡安祐美をスカウトし、さらに監督まで任せたことは時代を先取りしたものだった。そこにも萩本と片岡が紡いだ、誰も見たことのない物語がある。それによって、平成以降も野球が親しみやすいものになるよう「昭和」という時代がリニューアルされたのである。

そして監督を退いた萩本欽一は、「昭和」のスピリットを胸に秘めつつまた新たな挑戦に向かった。その様子についてはまた章を改めることにしよう。

第五章

焼け跡世代、平成、令和を生きる

――七三歳の大学生からユーチューバーへ

1 仏教学部を選んだわけ——笑いと仏教の実は深い関係

†六〇代は「無謀なことをやるオッサン」になる

二〇代にコント55号でブレークして以来、三〇代から四〇代後半までテレビの最前線を突っ走ってきた萩本欽一。だが昭和から平成へと年号が変わり自身も五〇代になると、最前線に立ち続けるのも難しくなった。本人も「若いころのような体力もなければ面白さもなくなってきているように感じた」。さらに六〇代になると「明日が楽しくない」とさえ思うようになっていた（前掲『野球愛』一六三頁）。

そこで萩本欽一はどうしたか。「無謀なことをやるオッサン」になろうとした（同書、一六七頁）。

いまは世の中の事情も変わったが、昭和世代の感覚で言えば六〇歳は定年。引退して後は悠々自適に余生を過ごすといったところだろう。縁側で日向ぼっこをしてのんびり暮らすというイメージも思い浮かぶ。

だがあえて無茶をするのもいいじゃないか。そのほうが面白い人生になる。萩本はそう考えた。そこで挑戦したのが、茨城ゴールデンゴールズという野球チームをつくり、野球をもっと面白くすることだったわけである。

†『24時間テレビ』マラソンへの挑戦

同じ六〇代、萩本欽一はもうひとつ大きな挑戦をした。マラソンである。二〇〇七年の『24時間テレビ』。そこで萩本はマラソンランナーとなった。六六歳のときである。

前に書いた通り、萩本と『24時間テレビ』には浅からぬ縁がある。第一回が放送された一九七八年に初代総合司会を務め、予想以上の募金額が集まる大きな原動力となった。そのおかげで本来一回限りの予定だった『24時間テレビ』は毎年恒例のイベントに。番組最大の功労者のひとりと言っていいだろう。

そしてちょうど三〇回目。番組も節目を迎え、今度はマラソンランナーとして帰ってくることになった。距離は七〇キロメートル。これを一日かけて走破する。当時、六六歳は歴代最年長だった。普段から運動やトレーニングをしていたわけではない。むしろ一日六〇本吸うヘビースモーカーであり、不摂生と言ったほうが近い。年齢のことも併せて案じる声は小さくなかった。

もちろん、専門家が指導する本番前のトレーニングは積んだ。ただ準備運動はせず、アイシングもしないなど、ここでも自己流を貫いた。それでもランニングの練習量は歴代最高の四二三キロメートルに及び、一日三〇キロ走れるようになった（『日刊スポーツ』二〇〇七年八月二〇日付記事）。

そして二〇〇七年八月一八日の本番当日。スターターは二郎さんだ。往年のギャグ「飛びます　飛びます」が号砲代わり。スタートした欽ちゃんからは「ピクニックみたい」と軽口も飛び出すほどで、しばらくは軽快な走りだった。

ところが翌日三〇度を超える暑さになると左足も痛み始め、ペースダウン。しまいには足が動かなくなった。「足が「走る」とか「歩く」とかじゃなくて「知らない」と言っている」といかにも萩本らしい表現で弱音を吐く場面もあった。

結局、あと七二〇メートルのところで放送が終了し、時間内の完走は叶わなかった。だが足は止めず、五分遅れで日本武道館に到着。玄関前の花道では欽ちゃん走りのサービスをする余裕も取り戻していた。そして欽ちゃんファミリーや茨城ゴールデンゴールズのメンバーが待ち構えるなかでの見事なゴールとなった（同記事）。

おそらく、このマラソン挑戦に眉をひそめるひともいただろう。あえてやっているにしても、年齢を考えれば無茶であることに間違いはないし、純粋に心配する気持ちが先に立ってしまうひともいるはずだ。

しかし、萩本欽一はこう言う。「僕はね、お年寄りはもうちょっといじめていいと思いますよ」（前掲『野球愛』一七〇頁）。

一瞬ドキッとする言葉である。だが、萩本の真意はこうだ。若いころ、先輩たちの姿を見ながら五〇代、六〇代になったらきっと「頑張れないな」と思っていた。ところがいざ自分がその年齢になってみると、体に無茶なことをしたほうがいいということに気づいた。だから「電車やバスで立っているお年寄りに席を譲るっていうのは殺人に等しいから、いますぐにでもやめてほしい」（同書、一八一頁）。

言葉の表面だけ見ると過激だが、必要以上に大切にされてしまうと逆に心身の衰えが加速しかねないということである。それは、萩本欽一自身がその年齢になってみて実感したことでもあった。その結論が、「無謀なことをやるオッサン」になろうという決意だったわけである。

無謀なことをやる、とは平たく言えば新しいことにどんどん挑戦するということである。萩本によれば、四〇代のころは年を取るのが嫌だった。だが年齢を重ねるにつれ、年を取るということは、「それぞれの年代の会場に行く」ことではないかと気づいた。二〇代には二〇代の、三〇代には三〇代の会場があるように、六〇代には六〇代の会場がある（同書、一九〇頁）。それぞれの年代で見える風景は違うのだ。

とりわけ六〇代以上になってくると、周囲が労りの気持ちから突然優しくなる。電車やバスの座席のこともそうだろう。だがそれを受け入れてしまうと、新たな挑戦は難しくなってしまう。ならば相手よりも年上だと怒られないのをいいことに、思い切って無謀なことをする。それが六〇代の萩本にとっての野球であり、マラソンだった。

†七三歳の大学受験

さらに年齢を重ね、萩本欽一は七〇代になった。そこで挑んだのが、今度はなんと大学受験だった。

二〇一四年三月の明治座公演を最後に、萩本は舞台から身を引いた。テレビとラジオは続けるが、舞台をやめたことでその分時間ができた。そこで思いついたのが、大学に行くことである。加齢による物忘れの多さが気になっていたということもあったが、これまで誰もやらないことをやり続けてきた人生の延長線上に見えたのが大学受験だった。七〇代の会場での新たな挑戦である（前掲『ダメなやつほどダメじゃない』一七二～一七三頁）。

母・トミと昔交わしたやり取りの記憶もあった。高等師範学校を出て職業婦人でもあったトミは、萩本少年に「大学にも行ったほうがいい」と常々言っていた。だが貧しさを極めた萩本家の経済事情もあって、その願いは果たされずにいた。トミが抱いていたに違いない無念を萩本ははっきり覚えていたのである（萩本欽一『欽ちゃんの、ボクはボケない大学生。』五～六頁）。

萩本欽一本人にも、教養への渇望があった。テレビやラジオで番組をつくるとき、「昔の有名人が言った言葉で、こんなフレーズないかなあ。番組で使いたいんだけれど」と思ったとする。だが知識がないため自分では思いつかず、結局大学を出ているディレクターに丸投げせざるを得なかった。そうしたことが重なり、「付け焼刃じゃない本物の教養を身につけたい」という気持ちを強く抱くようになっていた（前掲『ダメなやつほどダメじゃない』一七三～一七四頁）。

こうして七〇代になった萩本欽一の受験勉強が始まった。目指すのは駒澤大学の仏教学部。社会人入試の枠である。

駒澤大学を選んだのは、ひょんなことがきっかけだった。茨城ゴールデンゴールズで監督をしていた時代に元プロ野球選手の中畑清と知り合いになった。ジャイアンツで活躍し、「絶好調男」として知られた中畑の母校は駒澤大学。あるときその中畑から、母校で講演してくれないかと頼まれたことがあったのだ。それに縁を感じ、受験するなら駒澤と決めていた（前掲『欽ちゃんの、ボクはボケない大学生。』六頁）。

仏教学部については、駒澤大学が仏教の教えに基づいた大学だと聞いていたことがあった。萩本自身は仏教に特に思い入れはなかったが、「仏さんの教えなら、いい言葉がたくさんあるかも」と思った。「仏教を勉強して素敵な言葉をたくさん知ったら、ぼくの番組も一回り大きくなるかも」と期待した（同書、六〜七頁）。このあたりは、先ほどの「昔の有名人が言った言葉」を知らず悔しい思いをし、「本物の教養を身につけたい」と考えるようになったことと根は同じ話だろう。

入試科目は英語の読解と文法、小論文、そして面接。英語については予備校の先生について懸命に勉強した。ただ困ったのは、七〇代という年齢による記憶力の減退。英単語を覚えたと思っても、少し時間が経つと忘れてしまう。でもなんとか克服しなければならない。そこで日本語と連想ゲーム的に結びつけて覚える作戦に出た。たとえば、「as」という単語に「につれて」という意味があるのがわかると、好きな魚釣りと結びつけて「as＝釣れる」のように記憶した（前掲『ダメなやつほどダメじゃない』一七五〜一七六頁）。このへんは、幼い欽一に漢字を覚えさせるのに新聞広告の裏を使ったトミさながらである。

さて入試本番。小論文では、「釈尊の教えをどう思いますか」という題が出た。ところが、あろうことか萩本欽一は釈尊がお釈迦様のことだとは知らなかった。だが仏教学部だからきっとお釈迦様のことだろうとあてずっぽうで作文を書き始めた。

とはいえ、「釈尊?」となっているくらいだから、仏教の専門的知識はないに等しい。

ただ「お釈迦様なら命を大切に」と教えているに違いない。そう考えて萩本欽一がひねり出したのが、知っているカニの話だった。

カニは、こちらが捕まえようとすると、でっかい二本のハサミを持ち上げて威嚇する構えを見せる。ただ戦わない。こちらがひるんだ隙に一目散に逃げるのだ。一方人間はどうか。人間は武器を持つと引かずに戦って戦争を起こし、殺し合ったりする。その点、カニは武器を見せるだけで使わず、戦うこと自体を避けて自分の命を大切にしている。こういうやりかたこそが釈尊の教えにかなっているのではなかろうか（同書、一七六〜一七七頁）。

こう綴り、最後は「カニさん大好き」と記して締めくくった。だがさすがに子どもっぽいなとすぐに思い直し、「カニの心は燕尾服《えんびふく》」という表現に変えた。自らに誇りを抱きつつ無益な戦いを避けるカニの姿が、燕尾服を着た紳士のそれに思えたからである（同書、一七七頁）。

この小論文を採点者がどう評価したのかはわからない。萩本自身も、まさに綱渡り気分で書き綴ったのが正直なところで自信はなかった。ただカニの例えなどは、コメディアンとして新しい発想を糧にして生きてきたこと、そのなかで培われた想像力の豊かさが発揮されているのは十分に感じられる。

試験全体の手ごたえは半々くらい。そしていよいよ大学から合否通知が送られてきた。

自分ですぐに開けるのは味気ないと思った萩本は、若いスタッフを呼んで発表させることにした。不合格だったら「不合格」とは言わずに『仮装大賞』で使う「ププププ、カーン」という不合格の効果音を出してもらう。合格だったら、「うちにおいでよ」と優しく声をかけてもらう（前掲『人生後半戦、これでいいの』一五九～一六〇頁）。

「では発表します。「うちにおいでよ」」。その言葉を聞いたとき、思わず小さなガッツポーズが出た。そのとき萩本は、考えていた以上に大学受験が自分の人生にとって大きな出来事であったことを自覚させられたのだった（同書、一六〇頁）。

†「同級生」になった若者たちとの日々

こうして七三歳の大学生、萩本欽一が誕生した。

社会人入試の枠ではあるが、受ける授業は他の一般入試の合格者たちと一緒。朝の一限から講義に出る日々が始まった。それまで午前三時に寝て一〇時に起きるという生活を続けてきた萩本にとって、朝の早起きがまずひと苦労だった。

そしてもうひとつ、自分よりもはるかに年下の若者たちとずっと顔を合わせるようになったのも大きな変化だった。「同級生」ではあるが、ほとんどはまだ一〇代。七〇代の萩本欽一とは年齢的にもかけ離れている。いわば孫世代である。社会人入試の枠で入ったのだから、授業は同じでも特に親しくは付き合わないという選択肢もある。実際にそうしているひともいたが、萩本はここぞとばかりに積極的に交わった。

若者たちも、気軽に話しかけてくれた。しかも「欽ちゃん」と呼んでくる。それが嬉しかった。芸能界ではいまや大御所的存在で、「大将」とは呼ばれても「欽ちゃん」と呼ばれることはない。どうやら学生たちは、インターネットで自分のことを調べてくれたようだった。

仏教学部ならではの若者も多数いた。全国から集まった、実家がお寺だというお坊さんの卵たちだ。なかでもオリエンテーションの際、隣の席に座ったN君とは仲良くなった。N君は、なにかと気遣ってくれた。初っ端のオリエンテーションのときもそう。「お話、理解していますか？」と聞いてきたN君に「うーん、半分くらいしか理解できていないかなあ」と答えると、「そうでしょう。まずですね、いま開いている頁が違います」（前掲『欽ちゃんの、ボクはボケない大学生。』二二一～二二三頁）。

すっかりN君を気に入った萩本は、「ぼくの（大学での）秘書になってくれないかな」と頼んだ。その後N君は、「欽ちゃん」ではなく「欽さん」と呼ぶようになる。萩本欽一のこれまでの活躍をインターネットで調べ、軽い気持ちで「欽ちゃん」とは言いづらくなったらしい。だがそこまでして知ろうとしてくれたのも、萩本にとっては嬉しいことだった

（同書、三〇頁）。

また大学生になると、将来の目標、就きたい職業などを真剣に考え始めるようになる。そこで萩本の人生経験が生かされることもあった。

ある女子学生は、「欽ちゃん、私、介護の仕事か保育園の仕事をしたいんです」と言った。萩本は、「それすごくいいよ。おじいちゃんやおばあちゃん、子どもたちがニコニコして「○○ちゃん、待ってたよ〜」って言われるよ。絶対向いてると思うな」と返した。愛嬌があって優しそうな子で、本当にそう思ったのだ。するとその学生はいきなり泣き出した。「だって、そんなこと言われたのは初めてだから」。親以上ほどの年齢の人間に自分の夢を認めてもらえたことに特別なものを感じたようだった（前掲『ダメなやつほどダメじゃない』一八七頁）。

一方、芸能界志望の若者にはあえて厳しく接することもあった。

茶髪で服装もおしゃれな男子学生が「欽ちゃん、僕さあ、バンドやってるんだ。芸能界にデビューしたいんだけど、いけるかなあ」と聞いてきた。それに萩本は、「悪いけど、たぶん難しいんじゃないかな。君の外見はね、もう芸能人になってる。芸能界のスカウトや専門家たちはそういうタイプには最初から興味がないの」（同書、一八七〜一八八頁）。

これまで多くの素人を見出し、その魅力を引き出してきた萩本欽一からすれば、当然のアドバイスである。磨けば光る原石であると思わせることが大切なのだ。それなのに表面だけ芸能人っぽく真似してしまうのは、逆行している。男子学生もそのことを理解し、「欽ちゃん、僕、茶髪やめます」と言ってくれた（同書、一八八頁）。

†「粋な言葉」の大切さ

肝心の学業だが、授業には真面目に出た。仏教学部を選んだのは、「素敵な言葉」がたくさん仏教にはあるのではないかと思ったからだというのは、前に述べた通りだ。萩本欽一にとっての「素敵な言葉」とは、別の言いかたをすれば「粋な言葉」ということになる。萩本自身、活字でもテレビでも、粋だなと感じた言葉は必ずノートに書き留めるようにしていた。粋な言葉によって人間関係は広がるし、運も向いてくる。仕事も成功する。そう萩本は固く信じていた（前掲『人生後半戦、これでいいの』一六四〜一六五頁）。

では粋な言葉とはどのようなものなのか。それを身につけるコツとは？

萩本はこう語る。「まずは現実をそのまま言葉にしない。腹が立った時に怒りの言葉を、泣きたい時に悲しい言葉を、不満がある時に愚痴を言わない。当たり前すぎて、それでは何も起こらない」（同書、一六五頁）。

必要なのは、逆を行くことだ。「辛かったら楽しい言葉を、悲しかったら嬉しい言葉を、悔しかったら幸せな言葉を言ってみる。それも笑顔でね。そしたらきっとその人とその言葉に惚れる人が現れて、物語が始まる。そう、粋な言葉って、物語を始める言葉なんです。そこから人生が変わっていきます」(同書、一六五頁)。

粋な言葉とは、人生を変えるための言葉だ。粋な言葉はひとを動かす。すると新しい物語が動き始め、そこに思いがけないチャンスが生まれる。

だから萩本欽一は、「すいません」や「ごめんなさい」といった謝られる言葉は嫌いだ。それは「付き合いを打ち切りにする」言葉だからだ。誠意を示しているようで、そうではない。せっかくの関係性を一方的に遮断してしまう。だからいきなり「ごめんなさい」と言われたら、萩本はこう返す。「お前、俺との会話を打ち切ろうっていうの? そうじゃないなら、〝ごめんなさい〟以外の言葉にしてくれる?」(同書、一七一〜一七二頁)。

肝心なのは、コミュニケーションを途切れさせないことだ。どんな困ったときも、相手とのコミュニケーションを続けることが大切。そのためにはポジティブな言葉が必要だ。それを萩本欽一は「粋な言葉」と言っているのだろう。

その意味では、笑いにとっても粋な言葉は欠かせない。笑いこそポジティブなコミュニケーションの最たるものだからである。笑いにもいろいろある。腹を抱えるほどの爆笑もあるが、粋な言葉から生まれる自然な笑顔もまた立派な笑いだ。

†仏教と笑い、そして「いつも民衆と一緒にいる」ということ

では仏教では、笑いをどうとらえているのか。

僧侶の千葉公慈によると、仏教の経典に笑いについての記述はほとんどない。少なくとも出家者に対して、ブッダは笑いというものをむしろ戒めていた（萩本欽一、千葉公慈『運がよくなる仏教の教え』一〇三頁）。

ただ世間一般との関係においては違ってくる。

鎌倉時代から江戸時代にかけて、仏教の教えを広く民衆に伝える説教節というものがあった。仏教を題材にした物語を独特の節回しで歌ったり、芝居仕立てで見せたりするのである。このなかには「泣き笑い」の要素がかなり入っている。だから千葉は、「仏教は決して笑いを排除しているわけではない」と言う（同書、一〇三頁）。

歴史上名僧と呼ばれる人びとのなかにも、民衆のなかに入っていくことを信念とするひとはいた。

曹洞宗《そうとうしゅう》の祖である道元は、権力者に仕えることを徹底して拒否した。曹洞宗と聞くと座禅のイメージが強いが、道元は説法も重んじた。いまでも曹洞宗では、「とにかく寺を飛び出せ。誰も聞いてくれなくても話せ。それがどこまでできるか、若いうちはそれをとこ

とん試しなさい」と教えられるそうだ（同書、一三九〜一四二頁）。

奈良の大仏の創建に大きな役割を果たした行基《ぎょうき》もまた、同じく民衆のなかに入っていったひとり。奈良時代の僧侶はいわゆる国家公務員で、外で勝手に布教することは禁じられていた。だが行基は街に出かけて積極的に説法をおこない、同時に詳しかった公共工事の知識を授けて民衆から高い支持を得た。その行為は批判もされたが、行基の大衆的人気に目をつけたのが聖武天皇だった（同書、一四三〜一四九頁）。

萩本欽一は、こうした「いつも民衆と一緒にいるお坊さんが好き」と言う。さもありなんという感じだ。「欽ちゃん」もまた、民衆と言うと少し大げさだが、一般の素人のなかに積極的に入っていくことで絶大な人気を獲得したからだ。

素人をテレビの世界に引き込み、バラエティ番組に革命を起こした欽ちゃん。そのルーツには、各地域の伝統に根差した民衆芸能のひとつである「にわか」があると哲学者の鶴見俊輔は言う。「にわか」とは、即興の掛け合いを主とした演芸。いわば漫才の源流のようなものだ。そこには仏教など信仰の要素も混ざっている（鶴見俊輔『太夫才蔵伝』二六八〜二六九頁）。

鶴見は、『欽ちゃんのドンとやってみよう！』などには、にわかの掛け合いが生きていると言う。確かに、欽ちゃんが各地を回り、道端で出会った人びとに「欽ちゃんのドーンとやってみよう！」と叫んでもらうくだりでのやり取りなどは、まさににわか的だ（同書、二七五〜二七六頁）。

萩本欽一は、自分の歩んできた道と仏教のこうした類似点をおそらく直観的に感じ取っていたのだろう。粋な言葉の効用を説くのも、どこか仏教の説法を実践しているようでもある。

だから萩本は、こんなことも口にする。

「いろんなところで国際問題になっている領土のこととかも、違う言葉にすると解決するんじゃないの？と思う」。本心は本心で別にあるだろうが、それを隠してお互い言葉を逆にする。つまり粋な言葉だ。「譲ります」「とんでもない、そちらに譲ります」「いえいえ、そちらがどうぞ」。そのやり取りを見た世界中の人たちから、両方が称賛されるのではないか（前掲『人生後半戦、これでいいの』一六六頁）。

夢物語にすぎないと思うひともいるだろう。いや、圧倒的多数のひとがそう思うかもしれない。だが萩本は、持論を曲げないに違いない。テレビの世界でそんなユートピアをちゃんと実現したという自負があるからだ。

†「人生は勝つか逃げるか」

萩本欽一には、大学で「いい番組をつくるヒント」が見つかるかもしれないという気持ちもあった。最近のテレビは「知って得する」ことを売りにした番組が多い。まずは知識や教養を身につけること。そのことで、新しい時代に即した番組のアイデアが湧くこともあるだろう（前掲『ダメなやつほどダメじゃない』一九〇頁）。

要するに、萩本にとって大学はいろいろな意味で挑戦であり、それだけ期するものも多かったのだ。

一年前期の試験をいくつか休んだのも、そんな強い思いからだった。仕事が入っていたわけではない。一〇〇点を取れる自信がないというのが休んだ理由だった。五〇点や六〇点では、あんなに一生懸命教えてくれた先生に失礼。そう思ったのである（前掲『欽ちゃんの、ボクはボケない大学生。』一〇五～一〇六頁）。

若い大学生なら、とにかく四年間で決められた数の単位を取って卒業しなければという気持ちも働く。だが萩本欽一にはそれがない。七三歳の大学生は、留年しても誰にも迷惑はかけない。だから一〇〇点を取る自信がなければ試験を受けないという考えかたもあっていい（同書、一〇九頁）。

そこには、「人生は勝つか負けるか」ではなく、「人生は勝つか逃げるか」という萩本一流の人生哲学もあった。

負ける経験も必要と考えるひとも当然いるだろう。しかし萩本は、「人生にとって負けるという体験は、みんなが思うよりもずっと危険なものなんだ」と説く。ひとは負け続けると、いつのまにか「負けてもいいや」という気持ちが染みついてしまう。すると勝てる戦いにも負けるようになる。人生を楽しく生き抜くには、それは絶対に避けなければならない（同書、一一一～一一二頁）。初めてのテレビ出演で一九回NGを出して長い間立ち直れなかったほどの傷を負った萩本ならではの、リアリティのある言葉である。

こうして自分のペースでゆっくり大学を卒業しようとしていた萩本だったが、あるとき心境の変化が起こる。

それは七八歳のとき。「八〇歳になるともう動けないから、あと二年、お笑いを一生懸命やろう」と思い立った。あるファンから「昔、欽ちゃんに腹が痛くなるほど笑わせてもらいました」と言われ、もう一度笑いに挑戦してみたくなったのである（『ニッポン放送NEWS ONLINE』二〇一九年六月一八日付記事）。

二〇一九年に大学を自主退学。再び、萩本欽一はお笑いの世界に専念することになる。

2 八〇歳でユーチューバーに——焼け跡世代、インターネットと出会う

†浅草軽演劇をテレビで再興する

大学に入ってからも、コメディアンの仕事を休んでいたわけではない。少しずつテレビの仕事も続けていた。

二〇一七年五月には、NHKBSで『欽ちゃんのアドリブで笑（ショー）』がスタート。欽ちゃんが、共演者たちとともに舞台でコントを上演する。と言っても台本はなく、リハーサルもない。タイトル通り、すべてアドリブだ。その舞台裏や制作プロセスを見せるというドキュメンタリー要素もある番組だった。

いうまでもなく、ここで下敷きになっているのは、若手時代の浅草での経験である。浅草のコントも基本はアドリブ。警官と泥棒といった大まかな設定だけがあり、あとはその場の雰囲気や観客の反応などで展開が決まる。『アドリブで笑』は、そうした浅草軽演劇の再興を目指したものだった。

そこに、「視聴率一〇〇%男」時代に培ったテレビのノウハウも加味された。劇団ひと

りやハライチ・澤部佑のような芝居心のある芸人とともに、大ベテランの仲代達矢や若手の岸井ゆきののような喜劇のイメージの薄い俳優も出演。このあたりは、『欽ドン！』や『欽どこ』のスタイルである。スタジオには観客もいて、収録方式も同じだ。そんな空間のなかで、欽ちゃんが演者と観客両方の反応を見ながら瞬時に自分の出方を決めていく。

草彅剛の出演もあった。草彅と言えば、若き日に『欽きらリン530!!』で萩本と共演した間柄。約三〇年を経ての再会だった。

その回。舞台上に草彅、劇団ひとり、そして欽ちゃんがいる。台本がないので、ここで配役や設定を一から決めるのである。そしてアイデアが出たら試しに少しやってみる。

まず、欽ちゃんがひとりに「剛君にはなんの役がいいかな？」と振る。するとひとりは「ペット屋さんの店員なんかいいんじゃないですか」と言う。すると欽ちゃんはひとりに「お手本をやってみて」とやらせる。だがいまひとつ。欽ちゃんは「やっぱり音楽に関係するのがいいんじゃない？」とすぐに方向転換。そこから「音楽評論家」を草彅にやらせてみるが、アドリブのセリフが作曲家みたいになったものの、それがちょっと観客にウケたので、そのまま「音楽の先生」に役柄を微調整。ひとりを新人の弟子役にして即興コントを始めさせる。

欽ちゃんは、草彅剛と劇団ひとりのやり取りを見ながら、間を見計らって「おい新人！

偉そうにツッコミ入れるんじゃない」などとすかさずツッコんでいく。浅草の舞台を見ているようでもあり、『欽ドン！』や『欽どこ』が新しい演者を得てよみがえったようでもある。型を決めずに自由な感じですべてが進んでいくところが、懐かしくも新鮮だ。

†『欽ちゃん！30％番組をもう一度作りましょう(仮)』

『アドリブで笑』が始まった二〇一七年の一一月には、映画『We Love Television?』も公開されている。これは、萩本欽一に密着したドキュメンタリー。監督は土屋敏男である。

土屋敏男は、日本テレビの『電波少年』シリーズ（一九九二年放送開始）を企画・演出した人物として有名だ。

『電波少年』は、事前の約束無しに突撃取材を敢行する「アポなし」企画で注目を集め、さらに「猿岩石のユーラシア大陸横断ヒッチハイク」が社会現象的ブームとなるに至って人気番組となった。バラエティのなかに極限状況の人間を描くドキュメンタリーの手法を持ち込んだ「ドキュメントバラエティ」というジャンルが、ここで確立された。

考えてみれば、『欽ドン！』にせよ『欽どこ』にせよ、やはりバラエティでありながら、素人を主役にして予想を超えた笑いを生み出していく点でドキュメンタリー的な側面があった。だから土屋敏男が萩本欽一にことさら強い興味を抱いたとしても不思議はない。

『We Love Television?』の制作に至る経緯もそうだった。

萩本と土屋は、二〇一〇年にフジテレビ『悪いのはみんな萩本欽一である』という番組で共演している。バラエティではなくドキュメンタリー。ただ設定が変わっている。裁判形式の設定で、被告席に座った萩本に対し、テレビ関係者などがその〝罪〟を問いただしていく。そのひとりが土屋敏男だった。

ただし番組の目的は萩本欽一を断罪することではなく、その功罪を客観的に検証すること。そのうえでテレビにはいったいなにができるのかを改めて考えようというものだった。演出は、いまや映画監督として世界的に有名な是枝裕和《これえだひろかず》。制作会社・テレビマンユニオン（日本最初のテレビ制作プロダクションで、萩本も出資者のひとりだ）のディレクターとして、当時は社会やメディアを問い直す意欲的なドキュメンタリーを数多くつくっていた。

そして翌二〇一一年、土屋は萩本とともに日本テレビで特番を制作する。

タイトルは『欽ちゃん！30%番組をもう一度作りましょう（仮）』。直接のきっかけは、『悪いのはみんな萩本欽一である』収録時の控室で、「土屋ちゃん、僕、視聴率三〇%取れる企画持ってるんだけどやる？」と言われたことだった（『週刊女性PRIME』二〇一八年一月一日付記事）。折しも、テレビのアナログ放送の終了が迫っていた。これをいいタイミングととらえた土屋は、萩本とともに番組制作に取りかかる。

この『欽ちゃん！30％番組をもう一度作りましょう（仮）』は、ちょうど七〇歳になった萩本欽一の望み通り「無謀なこと」をさせるものだった。まず『電波少年』よろしく土屋が萩本をアポなしで直撃。例の「三〇％番組」を実現させましょうと強引に話を進めるところから番組は始まる。

実際、この番組の萩本欽一は、それまでの「欽ちゃん」ならやらなかったようなことに次々と挑戦した。

たとえば、熱湯風呂。熱々の風呂に入って悶え苦しむ姿を誇張して見せるリアクション芸の基本だ。それまで萩本が見せてきた掛け合いの芸とは対極にある。それをあえてやってもらおうというわけだ。

また、東野幸治や田村淳といっただいぶ年下の芸人とともに欽ちゃんが合コンに参加する。萩本が嫌っている下ネタの笑いであり、ほとんど無茶ぶりである。ところがいざ女性たちを前にすると欽ちゃんは鍛え上げた話術を駆使し、終いには「合コンの巨匠」と呼ばれるようになった。

一方、素人の九歳の男の子とともに欽ちゃんがコントを演じるパートもあった。素人との絡み自体は、『欽ドン！』などでおなじみの光景だ。

だがこの男の子は、欽ちゃんが東日本大震災関連のニュースを見ていて偶然発見した宮城県に住む男の子だった。番組の放送は二〇一一年七月。東日本大震災の記憶がまだ生々しく残っている頃である。被災地のニュースでその男の子をテレビで見てバラエティ番組に抜擢するとは不謹慎だ、という声が出てもおかしくない。だが見初めた萩本欽一は、その男の子にこだわった。「無謀なこと」かもしれない。だが「粋な言葉」の話にもあったように、男の子のなかにあるだろう悲しみをそのまま表現するのはむしろ萩本の流儀に反するのだ。

『We Love Television?』は、この『欽ちゃん！30％番組をもう一度作りましょう（仮）』の制作現場の様子、そして萩本の舞台裏での言葉や行動を記録したものだ。

二〇一七年と言うと、ユーチューブが日本でも若い世代を中心に人気を集め始めた時期である。HIKAKINなど人気ユーチューバーには何百万人というチャンネル登録者がいることが驚きを持って報道されるようになっていた。

そしてそのこととの対比で、〝テレビの衰退〟がささやかれるようになった。

実際、テレビの総世帯視聴率（同じ時間帯の各局世帯視聴率の合計）は長らく低下傾向にあった。「テレビはオワコン」などという扇情的な言い回しも世にあふれるようになる。『We Love Television?』のなかで萩本は、「テレビがつまらなくなった」という声に対し、「テレビはどんどん面白くなってる」と反論する。だが一方で、「広がりがない」「みんな同じ」とも語っていた。

再び「三〇％取れる」と豪語する欽ちゃんの復活の背景には、そんなテレビをめぐる歴史のうごめきがあった。

✝八〇歳のユーチューバー

ところがそこに、思わぬ事態が起こる。世界中を巻き込んだあのコロナ禍である。二〇一九年末からの数年間、それはすべてのひとの人生に少なからぬ影響を及ぼした。むろん萩本欽一も例外ではなかった。

二〇二一年二月、萩本は長年続く『欽ちゃんの全日本仮装大賞』の降板をいったん口にする。それは、新型コロナウイルス感染への恐怖から出た言葉だった。テレビ番組には、出演者やスタッフなど大人数がかかわる。それだけ感染の危険も増す。テレビに対して世話になったという思いが人一倍強い萩本だからこそ、そういう気持ちになったのだった。同時に『欽ちゃんのアドリブで笑』もまだ志半ばでやめることにした（『読売新聞オンライン』二〇二三年六月二八日付記事）。

コロナ禍でやることもなくなり、家でじっとしている日々が続いた。そんなとき、ここでも声をかけてきたのは土屋敏男だった。

「クラブハウス」というアプリがある。SNSの一種だが、文字ではなく音声を発信できる。わかりやすくいえば、一般の個人が使えるインターネットラジオである。土屋は、家にひきこもっているのは「大将らしくない」と言い、「クラブハウスをのぞいたら、また何か考えてやりたくなるんじゃない？　家で「声出して」って言われたら出すだけだから」と勧めてくれた（同記事）。

ただいざ始めてみると、不満も出てきた。音声だけでは物足りなくなったのである。そこはやはりテレビ人間の性《さが》と言うべきだろう。「もう一歩前に進みたい」と考えた萩本欽一は、テレビのライバルと目されるまでになっていたユーチューブに活動の場を移すことにした（同記事）。八〇歳のユーチューバーの誕生である。

†ユーチューバーになって気づいたこと

「（萩本欽一）欽ちゃん80歳の挑戦！」と名づけられた萩本欽一のユーチューブチャンネルは、二〇二一年九月にスタート。以来、三〇〇本以上の動画がアップされている。チャンネル登録者数は二万一〇〇〇人余り（二〇二四年八月二八日現在）。

現在のスタイルが定まったのは、二〇二二年一月からだ。「帯欽」と称し、月曜から金曜まで曜日ごとにテーマを決めて配信をおこなう。収録の場合もあるが、生配信にも積極的で、その精力的な姿には今さらながら驚くばかりだ。

柱になるのは、やはりトークやコントによるお笑いである。人間ではなくアンドロイドのアナウンサーと〝共演〟する動画もあったりする。人間にはない独特の間があって面白い。これなどは素人との共演という次元を超えていて、相変わらず笑いに対して貪欲だ。

欽ちゃんファミリーの面々が出演する動画もある。小堺一機や関根勤が登場し、昔のエピソードに花を咲かせる。いまやベテランとなった二人との会話には、いまだから明かせる秘話もあって聞き応え十分だ。それよりも年下のファミリーでは、はしのえみなども登場する。

特に勝俣州和は、チャンネルの常連だ。「勝俣なんて呼びもしないのに毎週来る」（同記事）と萩本も少しあきれ気味に言うほどである。だがフレッシュさを保ちながらもキャリアを積んだ勝俣とのコントやトークは、このチャンネルの目玉のひとつになっている。そこには萩本が育成中の若手コメディアンも登場して、軽演劇の再興という目的を忘れていないところがうかがえる。

萩本の個人的な思いから生まれた企画もある。

「欽ちゃん寺」がそうで、これは萩本の発案による新しいお寺づくりの計画だ。いうまでもなく、駒澤大学の学生だったときに得た縁がきっかけになって生まれた企画である。

同じ仏教学部の学友だった松本隆行というひとが、神奈川県にある能満寺というお寺の住職になっている。松本は、大学での履修を終えた際、萩本に一筆頼んだ。ちょうど能満寺の新しい本堂ができるタイミングだったのである。その言葉は、寺の石碑に刻まれた(『朝日新聞』二〇二四年四月一九日付記事)。

すると、あるとき今度は萩本のほうから松本に連絡が入る。二〇二〇年八月、妻である澄子が亡くなったという報だった。駆けつけて経をあげてくれた松本に、萩本は新しいお寺をつくりたいという考えを打ち明ける。「亡くなったっていうのは、好きじゃない。ずっと生き続けていると考えたい。桜の木になって生き続け、家族がお花見に来て笑ってくれたらうれしいなあ。そんな寺があったら」。話を聞いた松本は、能満寺の末寺の敷地を提供することを決める(同記事)。

そこには、桜の木が植えられているだけでなく、インターネットを通じて申し込めば誰でも自分の名前と言葉を刻むことのできる石碑がある。「お墓」とは呼ばない。「記念碑」である。「骨を埋めるのではなく、その人の歴史を埋める場所にしたい。言葉を残し、それを読んだ人が笑って、幸せになれる。そういう場所をつくろう」という萩本の思いから、そう呼ぶようにした。「スルンと生まれて　ピロンと生きてきました」という関根勤の言葉などがすでに石碑には刻まれている(同記事、前掲『読売新聞オンライン』記事)。

こうして実際にユーチューブという新たなメディアを使ってみることで、テレビとの違いも感じたようだ。

萩本欽一は、テレビとユーチューブの違いは「芸と趣味の違い」だと語る。「テレビでは、腹を抱えて笑ってもらおうと、コント55号でも、三〇%番組でも芸や技が大事だった。でも、ユーチューブ芸ってないね。そんな大げさなことではなく、趣味や得意なことで番組を作っている」「笑わせる時代から楽しませる時代になった」(同記事)。

いつもながら、分析の鋭さには感服する。テレビとネットは同じ映像の娯楽でもまったく違う。確かにユーチューブの世界では、自分の好きなことや特技を披露して人気になるユーチューバーはとても多い。それを端的に「芸と趣味の違い」と指摘するところはとてもわかりやすく、流石といったところだ。

†「焼け跡世代」がいち早くネットになじめた訳

そしてその違いは、昭和と平成、令和の違いでもあるのかもしれない。

かつて、萩本が昭和のテレビに招き入れた素人たちが自立するようになり、今度は自らのやりたいことをやり始めたメディアが平成以降のユーチューブという解釈もできる。ユーチューブでは、素人を仕切る欽ちゃんのようなひとは必要ない。むしろ欽ちゃんをまったく知らない世代から見れば、ユーチューブの欽ちゃんは「コントを趣味でやっているひと」と受け取られてもおかしくない。

とはいえ、そんなユーチューブに昭和の代表とも言える萩本欽一がいち早くなじんだことにもう一方で驚かされる。

萩本自身が柔軟な頭脳の持ち主ということも当然ある。だがそこには、世代的なことも無関係ではないように思う。

繰り返すが、萩本欽一は一九四一年生まれ。世に言う「焼け跡世代」だ。生まれたのは戦争中だが、物心ついたころには終戦を迎えていた。萩本自身も、戦争については母の背におぶさって空襲のなかを逃げたおぼろげな記憶がある程度だった。

小学校に入学したのは戦後。そこで初めて社会の価値観を教え込まれる。世はすでに民主主義一色。その意味では、萩本欽一は民主主義の社会しか知らずに育った。

これがひとつ前の「昭和一ケタ世代」だとだいぶ違う。

たとえば、やはりテレビスターとして一世を風靡した一九三二（昭和七）年生まれの青島幸男の場合。幼い頃から軍国主義教育を受けた青島は、敗戦後学校で教科書の軍国主義的くだりを黒く塗りつぶさせられた世代である。民主主義の世の中に生まれ変わることには喜びを感じる。だがその一方で、ここまで世の中があっさり一八〇度変わってしまうことに青島少年は深い疑念を抱いた。こんなことだと、いつまた大人たちがあっさり民主主義を捨ててしまうかわからないと思った（森炎・青島美幸『昭和に火をつけた男』一五〜一六頁）。

この思いが、青島幸男を終生反権力、反権威に駆り立てることになる。放送作家時代は風刺コントを得意とし、政治家になっては時の佐藤首相を「財界の男めかけ」と国会の場で言い放ち大騒ぎになるなどその姿勢は一貫して変わらなかった。

一方、戦後の民主主義教育しか知らない萩本欽一は、もっと民主主義に対して素直だ。その強さがある。だから、コメディアンとしての直観に従って素人に大きく門戸を開き、テレビの世界に民主主義を実現する先駆者となった。その流れのなかに、アイドルや野球チームのプロデュースもあった。

それが萩本欽一にとっての「昭和」であり、素人化をさらに進めたユーチューブは、実はその地続きにある。だから萩本は、すんなりユーチューブの世界に身を置くことができたのだと思える。

では、「昭和」とは結局どのような時代だったのか。そして萩本欽一はそのなかをどう生き抜いてきたのか。ここまでの話を踏まえ、終章で改めて考えてみることにしたい。

終章

萩本欽一の時代

——遠回りの美学

†「昭和」とはいつのことか

「はじめに」で、萩本欽一は〝「昭和」をつくった男〟であると書いた。では、ここで言う「昭和」とはどのような時代だったのだろうか。そして萩本欽一はその「昭和」をどのようにしてつくったのだろうか。

まず話を進める前に、確認しておく必要があるだろう。この場合「昭和」とは具体的にいつ頃を指すのか。

昭和という時代は、第二次世界大戦を境に戦前と戦後に分けられる。萩本欽一が生まれた一九四一年は戦中だが、終戦時は四歳。まだ小学校入学前である。だからここで言う「昭和」とはまず戦後のことになる。

とはいえ萩本欽一がつくった「昭和」を考えるのであれば、もう少し細かく区切る必要がある。

萩本が時代と深く交わるようになるのは、コント55号のブレークからだろう。コント55号の結成は一九六六年。高度経済成長期だった。ようやく国民の生活も平均して豊かになり、ある程度経済的に余裕のある家庭も増えた時期である。

その頃「三種の神器」という言葉も流行った。電気洗濯機、電気冷蔵庫、そして白黒テレビ。さらに続く経済成長のなかで、一九六〇年代後半には「3C」も登場。カー（自動車）、クーラーと並んで、カラーテレビが入っていた。この流れのなかで、テレビはまさに「娯楽の王様」となった。

そのなかで、あらゆる世代から「欽ちゃん」と親しまれたスターが萩本欽一だった。一九六〇年代の高度経済成長期から、社会の豊かさを背景にテレビが最盛期を迎える七〇年代と八〇年代。それが、ここで「昭和」と呼ぶ時代だ。

†コメディアンという仕事と戦後的価値観

まず言えるのは、萩本欽一自身がそんな「昭和」の典型的日本人だったということである。

萩本は、戦後の新しい民主主義を学んだ最初の世代だった。基本的人権が保障され、職業などを自由に選択できること、そしてその選択の機会も平等に与えられるべきこと。そんな価値観をごく自然に身につけたのが萩本の世代だった。

もちろん、いくら自由や平等が保障されたとしても、誰もがその恩恵に一〇〇%あずかれるわけではない。世の中には不条理なこともたくさんある。

萩本欽一も、たくさんの苦難にあい、多くの挫折を味わった。最初は豊かだった萩本家も父親の事業の失敗で一転して極貧生活に。アルバイトで家計を助ける日々が中学時代から続いた。

だが職業の選択という点では、自由と平等を萩本欽一は見事に体現した。

萩本が選んだコメディアンは、笑いを提供する仕事。笑いほど、出自や貧富の差が影響しないものもおそらくないだろう。笑いを生むのに資本は必要ない。その点平等であり、あとは当人の発想とセンスで笑いを生み出せばよい。

コント55号も、従来の常識にとらわれない自由な動きで人気になった。何事もそうだろうが、笑いの歴史は破壊と創造の繰り返しである。舞台の上から消えたかと思ったら、物凄いスピードで走って現れて二郎さんに飛び蹴りを食らわせる欽ちゃんの動きは、その象徴だった。

†萩本欽一は笑いを民主化したパイオニア

だが萩本は、ただのコメディアンというポジションにとどまらなかった。それまではテレビをただ楽しむ側だった素人をテレビのなかに招き入れた。それこそが、萩本欽一が単なる昭和の人気者のひとりでなく、〝「昭和」をつくった男〟だと言い得る最大の理由である。

素人を起用した一連の番組の成功についてはもはや繰り返すまでもないだろう。『欽ドン！』『欽どこ』『週刊欽曜日』が軒並み視聴率三〇％以上を記録し、萩本は「視聴率一〇〇％男」に。その称号を手にした人間は、令和の現在に至るまでほかに誰もいない。

「のど自慢」のような歌の民主化は、敗戦後すぐに始まっていた。だが笑いとなると、敷居はもっと高かった。「のど自慢」なら歌が下手でもシャレになるが、笑いはそうはいかない。だから難しい。そう思われていた。

その壁を打ち破ったのが、萩本欽一だった。笑いに特別な才能やテクニックは必要ない。素人でもあるがままに振る舞えば、それが笑いになる。そのことを証明したのが一連の欽ちゃん番組だった。「欽ちゃんのドンとやってみよう！」というタイトルを素人が叫ぶだけで笑いになる。それは、まさにテレビに起こった革命だった。そうして笑いの民主化は達成された。

それは、同じ「つくる」という意味でも、クリエイトするというよりはプロデュースするということに近い。素人一人ひとりのキャラクターを見極め、適材適所で参加させることで、新鮮な笑いが生み出される。『欽ドン！』の長江健次などは好例だ。事細かに演技を指導するのではなく、何の変哲もない「な！」の一言だけでブレークさせた。

そのプロデュース力は、笑いを越えて広がった。欽ちゃん番組から生まれたアイドルたちがそうだ。長江健次も、イモ欽トリオの一員としてトップアイドルになった。アイドル自体、素人的な魅力が必要とされるものだ。

平成の話にはなるが、野球チームも同じプロデュース力の賜物だ。

野球は昭和を代表する娯楽である。よく言われることだが、野球というスポーツにも戦後民主主義とリンクするような魅力がある。

パワーがある、器用で小技ができる、足が速いといった各自の特徴を生かしてチームに貢献できる。守備位置も同様だ。つまり、優劣ではなく個性の違い。だから野球は誰でも参加して楽しめる民主的なスポーツとして人気になった。それは、萩本欽一が笑いに素人を起用したことと似ている。

†「ダメなときほど運がたまっている」

ただ野球には、実力だけではないなにかの力が働いていると思わされることがある。会心のホームランも当たりそこないのボテボテの内野安打も、記録上は同じ一本のヒット。また強烈な当たりが相手のファインプレーでアウトになることもある。要するに、運である。

萩本欽一ほど運の良し悪しに敏感なひとはいない。野球でも、運が良くなっていそうな選手を見極めて抜擢するのが監督ならぬ「欽督」としての仕事になっていた。

もちろん、テレビ番組をつくるときもそうだった。萩本欽一と運に関する驚きのエピソードには事欠かない。

『欽きらリン530!!』では、こんなことがあった。スタッフと出演者全員分のあみだくじをつくり、引いてもらう。ひとつだけ○が入っている。それを引いた人間を番組でプッシュしていくと萩本は宣言した。それを引いたのが、勝俣州和だった。×もひとつだけある。「悪いけど、それを引いたひとにはこの番組から外れてもらう」と萩本は宣言し、実際それを引いたスタッフは番組から外れることになった（前掲『Sma Station!!』トクベツキカク）。

自分の運についても同様である。

『スター誕生！』の親睦会でゴルフをやることになった。当日は快晴。絶好のゴルフ日和である。ところが晴れ渡った空を見た萩本は、まだ始まってもいないのに「よし、帰ろう」とマネージャーに言った。驚いたマネージャーが「何で？」と聞くと、「こんな日に家に帰って企画練るなんて画期的。考えつかないことだもの。だから当たるよ。帰ろう」と答えた（萩本欽一『まだ運はあるか』五二〜五三頁）。

こうしたエピソードからもわかるように、萩本の運との対しかたは普通とは少し違う。

運が悪いときは耐え、運が良くなるのをひたすら待つ。それがわりとよくある考えかただろう。だが萩本は、そうではない。運を自分の力ではまったくどうにもならないものとは考えていない。

むろん運を自在に操ることなど不可能だ。だが自分の行動で運を引き寄せることはできる。そう考えている。だから快晴に恵まれたなかでゴルフをやって運を無駄遣いしない。逆に部屋にひきこもって企画をウンウンうなりながら考えることで運をコツコツためることを萩本は選ぶ。

タレントを育てるときも同じだ。あるとき、『欽ドン！』に抜擢した松居直美に二〇回同じことをやらせ、「一番最初のでいこう」と言ったことがあった。後年、不思議に思っていた松居は「最初でよかったのなら、後にやった一九回は何だったんでしょう？」と聞いた。すると萩本は、「一回やってできても、有名にはならなかった」と答えた（同書、四五頁）。

その考えはこうだ。神様は一回でできたひとを有名にさせない。だから神様に、「このコは一回でできるところを二〇回やったのよ。だからこの一九回を一所懸命やった分、有名にしてね」とお願いするのである。そして松居直美は、現在も活躍する息の長いタレントになった（同書、四五頁）。

よく萩本は、「運の法則」として、「ダメなときほど運がたまっている」と言う。失敗ばかりでうまくいかないときは、「自分は将来のための運をためているのだ」と思えばよい。だから普段から無駄を無駄と思わずコツコツやるのが大切だ。それを運の神様はどこかで見ている。

とはいえ、ここまで運を引き寄せるために徹底してやるひとも珍しい。ちょっと「不思議なひと」と思うひともいるはずだ。

しかし、萩本欽一と同じ「昭和」を生きた人間にとっては理解できる面もあるのではなかろうか。萩本の運を貯蓄するという考えかたには、努力や勤勉を尊び、無駄遣いを避けることをよしとする昭和的価値観に通じるものが感じられるからだ。

努力や勤勉は、高度経済成長期に培われた日本人の美徳である。さぼらず真面目に勉強し、仕事をしていれば、たとえささやかでも安定した生活は保証される。右肩上がりで成長する経済がそれを信じさせてくれた。

ただもう一方で、高度経済成長期は競争への意識が高まったときでもあった。

自由と平等の世の中では、本人の努力次第で道は開ける。大きな成功も夢ではない。だがそれを目指すのであれば、プラスアルファが必要になる。そのプラスアルファが運である。特に萩本欽一が選んだ芸能の世界は、成功するためには人気という目に見えないものを相手にしなければならないだけに運の占める部分はいっそう大きくなる。

†遠回りの美学

こうした萩本欽一の人生に一貫しているのは、端的に言うなら「遠回りの美学」だろう。萩本自身、こう述べる。「ぼくが番組を作ってた時にやっていたことは、〝遠くする〟ことだけなんです」(前掲『人生後半戦、これでいぃの』九六頁)。

あるとき、番組に小学校に上がる前くらいの小さい子どもが欲しいと萩本は考えた。それならば、児童劇団に連絡を取り、オーディションを開けば手っ取り早い。スタッフもそう提案した。

だが萩本欽一はそうしなかった。スタッフに、とにかく自分の目で探すよう頼んだのである。スタッフは手分けして幼稚園の前などに立ち、見つけることにした。そしてようやく二カ月後、ディレクターが「我々が探した子どもに会ってください」と言ってきた。この子でいいか、お伺いを立てたわけである。

すると萩本は、こう言った。「ぼくが見て、この子、よくないねって言ったら、二カ月かかったことも、全部が無駄になるんだよ。ぼくはそういう無駄はしたくない。その子に決まるまでの物語を聞いただけで、当たるのはもうわかってる。だから本番に連れてきなさい」。果たしてその番組は、視聴率二〇％をとった（同書、九六〜九七頁）。

なぜわざわざ面倒なやりかたをして〝遠くする〟のか。それは、この言葉にもあるように「物語を生む」ためである。萩本は、あえて遠回りすることだけを考えていた。だから、スタッフが見つけてきた子どもを面談さえしなかった。

結局、近年私たちの社会から急速に失われつつあるのは、こうした遠回りを厭わないところなのかもしれない。

遠回りすることの対極にあるのが効率主義だ。徹底して無駄を省くことで迅速に目標に到達する。そうした効率主義が、テクノロジーの発展もあってますます加速している。

少し前に話題になった「タイパ（タイムパフォーマンス）」などは、その最たるものだろう。だがバラエティ番組を一・五倍速で見ても、間や雰囲気を感じ取ることができず、本当の意味でそこにある面白さは感じ取れないはずだ。

二郎さんであれ、素人であれ、同じシチュエーションで繰り返しやらせる欽ちゃんの笑いは、思えば遠回りの笑いだった。もちろん昭和時代にも効率主義の流れはあった。だが徹底した遠回りによる笑いで長年にわたり支持されたのが欽ちゃんだった。

断っておくが、「遠回りの美学」は決して古臭いものではない。むしろ古い常識を壊すことだ。そのことは、ここまでみてきた萩本の人生、そこにあった数々のエピソードを思い出せばわかってもらえるだろう。無謀と言われる困難な道をあえて選ぶことで新しい道を切り拓くのが、一貫した萩本欽一の流儀である。

つまり、遠回りこそが革新的なものを生み出す秘訣であり、そこに運もついてくる。もし萩本欽一のことを「不思議なひと」だと思ってしまうとすれば、きっとその分だけ私たちの思考回路は「昭和」から遠ざかってしまっているのである。

†母校での出会い

最後に、萩本欽一が五〇代後半になった頃のある出来事を紹介して終わりたい。

萩本は、テレビ番組の企画で母校の小学校で授業をした。教室の一番前に座っていた男の子が、何かというと「はい！」と手を挙げる。指してみると一生懸命しゃべる明るく元気のいい子どもだった。帰り際には、「欽ちゃん、帰らないで」と泣きながら抱きついてきた（前掲『人生後半戦、これでいいの』一一八～一一九頁）。

そのしばらく後、萩本は番組のスタッフから意外な話を聞く。「あの子は、学校へ入ってから一度もしゃべったことがなかった」というのである。担任の先生がしゃべってくれるよういろいろと工夫したのだけれど、上手くいかなかったとのことだった（同書、一一九頁）。

この話からは、萩本欽一が中学生の頃にあったあのエピソードを思い出す。いたずらを怒らなかった担任の杉田先生のやさしさに感激した欽一少年は、わからなくても授業中に元気よく「はい！」と手を挙げ続けた。内気だった萩本少年はそこでウケる快感を知り、コメディアンになろうと思ったのだった。

母校で出会った男の子は、このかつての萩本少年なのではないか。萩本欽一は、何十年か越しにそうして少年時代の自分に再会したのではないか。これもまた遠回りがもたらした物語のひとつだろう。

この出会いについて萩本は、「笑いには、人をただ笑わすだけじゃない何かがありそうな気がしている」と話す。その「何か」はまだわからない。だがこうした予期せぬ出会いがあるからこそ「もっともっと笑わせたい」と思う。そしていまもその答えを探している(同書、一一七～一一九頁)。

萩本欽一の遠回り人生は、まだまだ続きそうだ。

あとがき

元号で言うと、私は昭和三五年生まれ。コント55号、そして『欽ドン！』などの絶頂期である昭和四〇年代から五〇年代にかけては、小学生から大学生くらいの年齢になる。当時から私は典型的なテレビっ子でお笑い好き。欽ちゃんは、ドリフ（ザ・ドリフターズ）と並ぶ大スターであり、アイドルだった。その頃の欽ちゃんの記憶は、私にとって鮮やかだ。

ところで、実は私にはその欽ちゃんと共演した経験がある。と言っても、芸能活動の経験があるわけではない。だが確かに〝共演〟はあった。

いまから十数年前のこと。いまや世界的映画監督である是枝裕和さんからテレビ番組出演のオファーがあった。元々是枝さんは、ドキュメンタリー作家として良作を次々と生み出し、そちらのほうでも知られた存在だった。その是枝さんが今度企画したのが欽ちゃんをテーマにした番組で、テレビの笑いについてささやかな本を書いていた私に出演してもらいたいということだった。番組には欽ちゃん本人も出演すると言う。

突然の話に戸惑いながらも是枝さんとの打ち合わせの場に出向いた。そしてそこで聞いた番組の内容というか、趣向がまた変わっていた。番組全体をひとつの裁判に見立て、欽ちゃんが被告席に座る。そして他の出演者たちが、目の前に立ち欽ちゃんを追及する。いわば検事的な役割で、私はそのひとりということだった。もちろん欽ちゃんがなにか法律にふれる罪を犯したわけではない。ここでの〝罪〟とは、欽ちゃんがテレビでやってきたことすべてを指す。つまり、裁判のような形式をとりながら、欽ちゃんの仕事を総括しようというものだった。

番組タイトルも刺激的なもので、『悪いのはみんな萩本欽一である』（二〇一〇年三月放送）。そう、本文中でも取り上げた番組である。私以外の追及役にはフジテレビ（当時）の三宅恵介さんと日本テレビ（当時）の土屋敏男さん。あの『オレたちひょうきん族』の三宅さんと『進め！電波少年』の土屋さんである。

そしていよいよフジテレビのスタジオで収録日を迎えた。

三宅さんと土屋さんは欽ちゃんと同じテレビ業界の人間、しかも錚々たる実績の持ち主とあって、さすがに堂々としたものだった。一方私はと言えば、まったくの初対面。テレビに出るのもほぼ初めて。しかも是枝さんの演出スタイルとして、台本と呼べるようなものはなく基本的に全編アドリブ。当然ながら上手く立ち回れるわけもない。気づいたらいつの間にか収録も終わっていた。

でもひとつだけ、いまでも記憶に残っていることがある。収録が終わった後、帰り際に欽ちゃんのところにご挨拶に伺った際に「いっぱいテレビ見て」という励まし（?）の一言をもらったことである。初対面の人間にほかにかける言葉も思いつかなかったのかもしれないが、なぜか深くこころに刻まれた。そのおかげもあってか、私はいまもずっとテレビを見る生活を続けている。

私の冴えない思い出話はさておき、そもそもこうした番組が誕生した背景を私なりに推察してみる。

当時、と言うかある時点から、欽ちゃんには「面白くない」という評価がつきまとっていた。かつて一世を風靡した欽ちゃんをよく知る身からすれば釈然としない気持ちもあったが、そこには笑いの潮流の大きな変化があった。

本文でも書いたが、一九八〇年代初めに爆発的な漫才ブームが起こる。そこでビートたけしなど毒舌を本領とする笑いが人気を集めるようになったあたりから、欽ちゃんは「いい人」すぎてつまらないというイメージが広まり、お笑い芸人からもそれをネタにされるようになっていた。当時大学生になっていた私にも、そうした気分に同調する面がなかったとは言えない。漫才ブーム以降のエッジの利いた笑いに慣れた身にとって、正直欽ちゃんのやさしい笑いが物足りなくなっていたのは否めない。

だがそれから数十年の年月を経て番組収録の際、ごく近距離で欽ちゃんに生で対峙してみて感じたのは、その凄いオーラだった。

別に威圧的だったとかではない。そこにいるのは小さい頃からテレビでよく見ていた「欽ちゃん」そのもので、物腰もいつも通り柔らかかった。しかし、私はなぜか圧倒された。収録のあいだも、次になにを話そうか必死に考える一方で、「凄いもんだな」と内心感嘆していた。

欽ちゃんの放つ圧倒的なオーラはどこから来たものだったのだろうか。

いま思えば、それはひとつの時代を体現した人物の凄みだった。ここで言うひとつの時代とは「昭和」、敗戦の焼け野原から奇跡とも言われる復興を達成し、高度経済成長によって「一億総中流」と呼ばれる豊かさを享受するようになったあの「昭和」である。

そしてこうも思う。萩本欽一は、その「昭和」をただ彩ったのではなく、テレビの笑いを通じてまさにかたちづくったのではないか。そしてそうして出来上がった「昭和」は、ただノスタルジーとして片づけてしまうには惜しい、いまも私たちを惹きつけるなにかを有している。そのような意味で、萩本欽一という存在をいまこそ再評価すべきなのではないか、と。

「欽ちゃんで一冊書く」というアイデアは、筑摩書房の加藤峻さんとの会話のなかから偶然生まれた。私が「欽ちゃん世代」であることなどまったく知らない加藤さんの口からふと「萩本欽一」という単語が出て、それに反応した私が堰を切ったようにいろいろ語り始めたところから本書の企画はスタートした。ほかならぬ萩本欽一そのひとが強調するように、「運」というのは面白い物語をもたらすものだと実感する。そういうわけで、加藤さんにはこれまで以上にお世話になった。この場を借りて感謝したい。

太田省一

二〇二四年八月

参考資料（五十音順）

書籍

明石家さんま『こんな男でよかったら』ニッポン放送出版、一九八四年。

阿久悠『夢を食った男たち――「スター誕生」と歌謡曲黄金の70年代』文春文庫、二〇〇七年。

井原高忠『元祖テレビ屋大奮戦！』文藝春秋、一九八三年。

長田暁二『昭和の童謡アラカルト〔戦後篇〕』ぎょうせい、一九八五年。

君塚良一『テレビ大捜査線』講談社、二〇〇一年。

久米宏『久米宏です。――ニュースステーションはザ・ベストテンだった』世界文化クリエイティブ、二〇一七年。

コイデヒロカズ編『テクノ歌謡マニアクス』ブルース・インターアクションズ、二〇〇〇年。

小林信彦、萩本欽一『小林信彦 萩本欽一 ふたりの笑タイム――名喜劇人たちの横顔・素顔・舞台裏』集英社、二〇一四年。

齋藤太朗『ディレクターにズームイン！！――おもいッきりカリキュラ仮装でゲバゲバ……なんでそうなるシャボン玉』日本テレビ放送網、二〇〇〇年。

週刊文春編『「家」の履歴書』光進社、二〇〇一年。

高田文夫『笑うふたり――語る名人、聞く達人』中央公論社、一九九八年。

高田文夫、笑芸人編集部編『テレビバラエティ大笑辞典』白夜書房、二〇〇三年。

鶴見俊輔『太夫才蔵伝――漫才をつらぬくもの』平凡社ライブラリー、二〇〇〇年。

萩本欽一『欽ちゃんつんのめり』読売新聞社、一九八〇年。

萩本欽一『「笑」ほど素敵な商売はない』福武書店、一九九三年。

萩本欽一（取材・構成 斎藤明美）『まだ運はあるか』大和書房、一九九九年。

萩本欽一『野球愛』ソフトバンク新書、二〇〇七年。

萩本欽一『なんでそーなるの！　萩本欽一自伝』集英社文庫、二〇一〇年。

萩本欽一『ダメなやつほどダメじゃない』日本経済新聞出版社、二〇一五年。

萩本欽一『欽ちゃんの、ボクはボケない大学生。――73歳からの挑戦』文藝春秋、二〇一六年。

萩本欽一『ダメなときほど「言葉」を磨こう』集英社新書、二〇一七年。

萩本欽一『人生後半戦、これでいいの』ポプラ新書、二〇一九年。

萩本欽一『ありがとうだよスミちゃん　欽ちゃんの愛妻物語』文藝春秋、二〇二三年。

萩本欽一、千葉公慈『運がよくなる仏教の教え』集英社、二〇一六年。

萩本欽一、土屋敏男、木村俊介『誰も知らない、萩本欽一。』ぴあ、二〇一七年。

ビートたけし『たけしくん、ハイ！』新潮文庫、一九九五年。

向井爽也『喜劇人哀楽帖』文化出版局、一九七八年。

森炎・青島美幸『昭和に火をつけた男　青島幸男とその時代』講談社、二〇一三年。

山下武『大正テレビ寄席の芸人たち』東京堂出版、二〇〇一年。

読売新聞芸能部編『テレビ番組の40年』ＮＨＫ出版、一九九四年。

雑誌・ムック

『アサヒ芸能』二〇〇五年六月九日特大号
『週刊プレイボーイ』二〇二〇年三月二日号。
『昭和40年男』二〇一四年六月号。
『スポーツ報知』二〇一一年四月二三日。
『LIBRA』二〇一七年九月号。

ネット記事（＊最終閲覧二〇二四年八月二日）

『アサ芸プラス』二〇一三年九月六日付記事（https://www.asagei.com/excerpt/15317）
『朝日新聞』二〇一七年一二月二七日付記事（https://www.asahi.com/articles/ASKDM42G8KDMPTQP00B.html）
『朝日新聞』二〇二四年四月一九日付記事（https://www.asahi.com/articles/ASS4L51R4S4LULOB00FM.html）
『週刊女性PRIME』二〇一八年一月一日付記事（https://www.jprime.jp/articles/-/11386?page=2）
『スポニチ Sponichi Annex』二〇一八年二月一六日付記事（https://www.sponichi.co.jp/entertainment/news/2018/02/16/kiji/20180215s00041000394000c.html）
『SmaSTATION!!』トクベツキカク（https://www.tv-asahi.co.jp/ss/242/special/top.html）
『Smart FLASH』二〇二二年八月二日付記事（https://smart-flash.jp/entame/152629/）
『Techinsight』二〇一二年一月一五日付記事（https://news.livedoor.com/article/detail/6192718/）
『Number Web』二〇二三年九月一七日付記事（https://number.bunshun.jp/articles/-/854518）
『日刊スポーツ』二〇〇七年八月二〇日付記事（https://www.nikkansports.com/entertainment/p-et-

tp0-20070820-244169.html）
『日刊スポーツ』二〇二二年八月一七日付記事（https://www.nikkansports.com/entertainment/news/202208150000553.html）
『日刊スポーツ』二〇二三年八月一二日付記事（https://www.nikkansports.com/entertainment/news/202308120000570.html）
『ニッポン放送NEWS ONLINE』二〇一九年六月一八日付記事（https://news.1242.com/article/177686）
『NEWSポストセブン』二〇二一年一〇月二二日付記事（https://www.news-postseven.com/archives/20211022_1700028.html?DETAIL）
『読売新聞オンライン』二〇二二年六月二八日付記事（https://www.yomiuri.co.jp/culture/tv/20220627-OYT1T50089/）

映画

『We Love Television?』日活、二〇一七年公開。

DVD

『欽ちゃんのどこまでやるの！』ポニーキャニオン、二〇〇六年。

『欽ドン！良い子悪い子普通の子』フジテレビジョン、二〇〇八年。

『コント55号のなんでそうなるの？』バップ、二〇〇五年。

『祝！結成40周年記念　コント55号　傑作コント集　永久保存版』ポニーキャニオン、二〇〇五年。

イラスト：藤井龍一

萩本欽一年譜

1941（昭和16）	５月７日　東京市下谷区に生まれる． 父は団治，母はトミ．６人きょうだいの３男（上から５番目）だった．
1945（昭和20）	埼玉県浦和市（現・さいたま市浦和区）に転居．
1951（昭和26）	東京都台東区に戻る．
1956（昭和31）	東京都文京区に転居．
1957（昭和32）	私立駒込高校に入学．
1960（昭和35）	同高校を卒業．浅草東洋劇場でコメディアンに．
1962（昭和37）	フランス座で坂上二郎と出会う．
1963（昭和38）	劇団「浅草新喜劇」を旗揚げ． エキストラで初めてテレビ出演． 生コマーシャルでNG19回を出し，トラウマに．
1965（昭和40）	熱海つるやホテルに長期滞在でコントの仕事． 後にコント55号の代表的コントとなった「机」はここで生まれた．
1966（昭和41）	坂上二郎とコント55号結成．初舞台は浅草松竹演芸場．
1967（昭和42）	コント55号「西田佐知子ショー」で日劇初出演． 以降，「夏のおどり」など日劇出演が続く． 『大正テレビ寄席』（NET テレビ）に出演． コント55号の斬新な面白さが評判に．
1968（昭和43）	コント55号『お笑いヤマト魂』（フジテレビ）で初レギュラー． 続く『お昼のゴールデンショー』（フジテレビ）でブレーク． 『コント55号の世界は笑う』（フジテレビ）で初冠番組． 『コント55号 世紀の大弱点』では映画初主演．
1969（昭和44）	ゴールデンアロー賞特別賞受賞． 『コント55号の裏番組をぶっとばせ！』（日本テレ

	ビ）
	『巨泉・前武ゲバゲバ90分』（日本テレビ）
	『みんなで出よう55号決定版！』（TBS）
	『夜のゴールデンショー』（フジテレビ）
	監督・主演した自主制作映画『手』が公開.
	東京都世田谷区に転居.
1970（昭和45）	連続ドラマ『コント55号60分一本勝負』（NET）で脚本担当.（第1話は父・団治の話をもとにしたもの）
	『スパルタ！ 55号』（NET）
	『コント55号の歌謡大行進』（文化放送）でラジオ初レギュラー.
1971（昭和46）	特番『拝啓チャップリン様 コント55号只今惨状！』（フジテレビ）で憧れのチャップリンと対面.
	『スター誕生！』（日本テレビ）でテレビ初司会.
1972（昭和47）	パジャマ党結成.
	『どちらさんも欽ちゃんです』（ニッポン放送）で初単独DJ.
	この番組から『欽ちゃんのドンといってみよう！』が誕生する.
	ドラマ『シークレット部隊』（TBS）出演.
	『日本一のおかあさん』（TBS）司会.
	『オールスター家族対抗歌合戦』（フジテレビ）司会.
1973（昭和48）	『シャボン玉ボンボン』（日本テレビ）司会.
	『コント55号のなんでそうなるの？』（日本テレビ）
	父・団治他界.
1975（昭和50）	『欽ちゃんのドンとやってみよう！』（フジテレビ）
	『ぴったしカン・カン』（TBS）
	『ラジオ・チャリティー・ミュージックソン』（ニッポン放送）
1976（昭和51）	結婚記者会見. このとき，同時に長男の存在も明か

	した.
	ゴールデンアロー賞大賞放送賞受賞.
	『欽ちゃんの向こう三軒両隣り』(TBS)
	『欽ちゃんのどこまでやるの!』(NET→テレビ朝日)
	サクラカラーCM「どっちが得か、よーく考えてみよう」が流行.
1978(昭和53)	『24時間テレビ「愛は地球を救う」』(日本テレビ)総合司会.
	『ゆく年くる年』(テレビ朝日制作)総合司会.
1979(昭和54)	『欽ちゃんドラマ・Oh! 階段家族!!』(日本テレビ)
	『欽ちゃん劇場・とり舵いっぱーい!』(日本テレビ)
	『欽ちゃんのここからトコトン』(ニッポン放送)
	ドキュメンタリー『もう一つの甲子園』(テレビ朝日)出演.
	『第1回全日本仮装大賞』(日本テレビ)司会.
1980(昭和55)	『欽ちゃんの9時テレビ』(フジテレビ)司会.
1981(昭和56)	『欽ドン!良い子悪い子普通の子』(フジテレビ)
1982(昭和57)	『欽ちゃんの週刊欽曜日』(TBS)
1984(昭和59)	『たみちゃん』(テレビ朝日)
	レギュラー番組としてはコント55号最後の出演.
1985(昭和60)	『TV プレイバック』(フジテレビ)司会.
	充電のため休養を宣言.
1986(昭和61)	『ドキド欽ちゃんスピリッツ!!』(TBS)
1987(昭和62)	『ニュースワイド 欽ちゃんのもっぱらの評判』(ニッポン放送)
1988(昭和63)	『欽ちゃんの気楽にリン』(日本テレビ)
	『欽きらリン530!!』(日本テレビ)
	『欽ちゃんのどこまで笑うの!?』(テレビ朝日)
	昼の帯番組. 後に『欽どこ TV!!』にリニューアル.
1990(平成2)	『恋をしては悲しくて』(博品館劇場)演出.

1991（平成３）	『欽ちゃん走るッ！』（フジテレビ） 深夜番組．ゲストと「欽ちゃん走り」をするコーナーがあった． 『悠々くらぶ』（NHK） コント55号復活舞台『やっぱりコント55号』（博品館劇場） 『風の行方』（博品館劇場）演出． 『夢のまにまに』（博品館劇場）演出．
1992（平成４）	『夏をだきしめたい』（パルテノン多摩）演出．
1993（平成５）	『欽ちゃんのシネマジャック』（東宝）製作総指揮・監督・出演．
1994（平成６）	『よ！大将みっけ』（フジテレビ）
1995（平成７）	『ブラック・コメディー』（博品館劇場）演出．
1996（平成８）	連続テレビ小説『ひまわり』（NHK）ナレーション・出演． 前川清特別公演『花火師の恋』（新宿コマ劇場，1997年中日劇場）演出・構成・出演．
1998（平成10）	『欽ちゃんとみんなでしゃべって笑って』（NHK） 前川清特別公演『やっぱりさっぱり虹之丞』（新宿コマ劇場，1999年中日劇場）演出・構成・出演． 『萩本欽一奮闘喜劇公演』（新宿コマ劇場）演出・構成・出演． 長野冬季オリンピック閉会式総合司会．
1999（平成11）	前川清特別公演『泣き虫師範代』（新宿コマ劇場）
2003（平成15）	『江戸の花嫁』（明治座）演出・構成・出演．
2004（平成16）	『谺、来る』（明治座）演出・構成・出演．
2005（平成17）	クラブ野球チーム・茨城ゴールデンゴールズを設立，監督（欽督）に就任．
2007（平成19）	コント55号40周年プラス１「仇討物語 でんでん虫」（明治座）演出・構成・出演． 『24時間テレビ』マラソンランナー．
2008（平成20）	母・トミ他界．

	「ちょんまげワールド伊勢」プロデュース.
2010（平成22）	『悪いのはみんな萩本欽一である』（フジテレビ） 茨城ゴールデンゴールズの監督を勇退.
2011（平成23）	『欽ちゃん！30%番組をもう一度作りましょう（仮）』（日本テレビ） 『いかん どっかん あっけらかん』（明治座）作・演出・出演.
2013（平成25）	喜劇『おちゃのこ妻妻』（スクエア荏原ひらつかホール）作・演出.
2014（平成26）	欽ちゃん奮闘公演 THE LAST『ほめんな ほれんな とめんな』（明治座） この公演をもって舞台から引退.
2015（平成27）	社会人入試で駒澤大学仏教学部入学.
2016（平成28）	『思い出のメロディー』（NHK）総合司会.
2017（平成29）	『欽ちゃんのアドリブで笑（ショー）』（NHK BSプレミアム） 映画『We Love Television?』公開.
2019（令和元）	駒澤大学を自主退学.
2020（令和２）	妻・澄子他界.
2021（令和３）	YouTubeチャンネル『(萩本欽一）欽ちゃん80歳の挑戦！』開設.
2024（令和６）	『24時間テレビ』内にてドラマ「欽ちゃんのスミちゃん～萩本欽一を愛した女性～」が放送

＊「浅井企画」ホームページ,『欽ちゃんつんのめり』,『なんでそーなるの！ 萩本欽一自伝』などを参考に筆者作成.

＊各年の番組については，放送年もしくは放送開始年で対応させている．また本文中に言及しなかった作品・公演名等もあげている．

ちくま新書
1827

萩本欽一《はぎもときんいち》　昭和《しょうわ》をつくった男《おとこ》

二〇二四年一一月一〇日　第一刷発行

著　者　太田省一（おおた・しょういち）

発行者　増田健史

発行所　株式会社　筑摩書房
東京都台東区蔵前二-五-三　郵便番号一一一-八七五五
電話番号〇三-五六八七-二六〇一（代表）

装幀者　間村俊一

印刷・製本　三松堂印刷　株式会社

ISBN978-4-480-07655-7 C0276

ちくま新書

1586
すべてはタモリ、たけし、さんまから始まった
太田省一
つねに圧倒的存在であり続けた「お笑いビッグ３」。その軌跡を辿りながら、漫才ブームから「第7世代」の台頭まで、「お笑い」の変遷を描き切った圧巻の40年史！

1758
東京タワーとテレビ草創期の物語
——映画黄金期に現れた伝説的ドラマ
北浦寛之
「史上最大の電波塔」が誕生し、映画産業を追い越そうとした時代——東京タワーと歴史的作品『マンモスタワー』をめぐる若きテレビ産業の奮闘を描き出す。

1709
読むワイドショー
パオロ・マッツァリーノ
ワイドショーのコメンテーターとは何者なのか。画面隅の小窓をなぜワイプというのか。——テレビと芸能の世界の謎を調べまくる。タブーなき芸能メディア文化論。

578
「かわいい」論
四方田犬彦
キティちゃん、ポケモン、セーラームーン——。日本製のキャラクター商品はなぜ世界中で愛されるのか？「かわいい」の構造を美学的に分析する初めての試み。

1184
昭和史
古川隆久
日本はなぜ戦争に突き進んだのか。私たちは、何を失い、何を手にしたのか。開戦から敗戦、復興、そして高度成長へと至る激動の64年間を、第一人者が一望する決定版！

1665
昭和史講義【戦後文化篇】（上）
筒井清忠編
計7冊を刊行してきた『昭和史講義』シリーズの掉尾を飾る戦後文化篇。上巻では主に思想や運動、文芸を扱い、18人の第一線の研究者が多彩な文化を描き尽くす。

1666
昭和史講義【戦後文化篇】（下）
筒井清忠編
昭和史講義シリーズ最終刊の下巻では、戦後に黄金期を迎えた日本映画界を中心に、映像による多彩な大衆文化・サブカルチャーを主に扱う。昭和史研究の総決算。